Coordenação editorial
Sibeli Cardoso Borba Machado

EMPREENDEDORISMO
FEMININO
Inovação e Associativismo

Literare Books
INTERNATIONAL
BRASIL · EUROPA · USA · JAPÃO

Presidente:
Mauricio Sita

Vice-presidente:
Alessandra Ksenhuck

Diretora de Projetos:
Gleide Santos

Diretora Executiva:
Julyana Rosa

Diretor de marketing e desenvolvimento de negócios:
Horacio Corral

Relacionamento com o cliente:
Claudia Pires

Editor:
Enrico Giglio de Oliveira

Capa:
Paulo Gallian

Diagramação:
David Guimarães
Victor Prado

Revisão:
Luciana Mendonça

Impressão:
Impressul

Dados Internacionais de Catalogação na Publicação (CIP)
(eDOC BRASIL, Belo Horizonte/MG)

E55 Empreendedorismo feminino, Inovação e Associativismo /
Coordenadora Sibeli Cardoso Borba Machado. – São Paulo, SP:
Literare Books International, 2020.
176 p. : 14 x 21 cm

ISBN 978-65-5922-032-8

1. Empreendedorismo. 2. Inovação. 3. Associativismo 4.
Mulheres de negócios. I. Machado, Sibeli Cardoso Borba.
CDD 658.421

Elaborado por Maurício Amormino Júnior – CRB6/2422

Literare Books International Ltda.
Rua Antônio Augusto Covello, 472 – Vila Mariana – São Paulo, SP.
CEP 01550-060
Fone/fax: (0**11) 2659-0968
site: www.literarebooks.com.br
e-mail: contato@literarebooks.com.br

SUMÁRIO

PREFÁCIO

Escrever um prefácio é sempre um presente, ainda mais quando se trata da oportunidade de prefaciar uma obra com tamanha relevância como é o caso do livro *Empreendedorismo Feminino, Inovação e Associativismo*. Apresentar a história de 21 mulheres empreendedoras, bem como suas trajetórias pessoal e profissional, faz-me sentir ainda mais orgulhosa de minha própria história como mulher, como brasileira, empreendedora que, assim como cada uma destas coautoras, enfrentou desafios, lutou contra todos os tipos de forças, abusos e preconceitos e que, com coragem, foi capaz de transformar a sua própria vida e vencer.

Ao longo da jornada, foi a necessidade de ajudar minha mãe a criar os meus irmãos associada ao desejo de reconstruir minha vida, destruída na adolescência por um estranho que me violentou, que me motivaram a superar todas as dificuldades, inclusive a de me mudar sozinha para outro país, em que eu não dominava nem ao menos o idioma. Ao longo da leitura dos capítulos, como num labirinto, deparei-me com várias mulheres que, assim como eu, tiveram de fazer renúncias, superar seus medos e traumas para construir uma caminhada de sucesso.

Assim como para elas, Empreendedorismo, Foco e Inovação foram palavras de ordem para que eu construísse os meus resultados. Associar-me com outros empreendedores, abrir-me para o novo e ser mentorada por pessoas de sucesso, garantiu-me um caminho mais assertivo e com resultados comprovados, assim como foi com todas as mulheres que decidiram se associar, modelar e empreender, e que compartilharão as suas melhores fórmulas nos capítulos a seguir.

A compreensão dos conceitos de Empreendedorismo Feminino, Inovação e Associativismo e de sua importância para o crescimento e desenvolvimento das pessoas, dos negócios e das nações está consolidada a partir dos estudos e pesquisas de cada uma das áreas. Entretanto, a composição dessa tríade e as suas múltiplas relações passaram a permear o interesse referente ao papel da mulher como empreendedora na gestão dos negócios prioritariamente nesta obra.

Ao longo da história, as mulheres, assim como os homens, sempre procuraram dar respostas às necessidades da coletividade no intuito de solucionar os problemas emergentes, sobretudo os advindos das relações complexas entre os indivíduos, do trabalho e das desigualdades socioeconômicas. É nesse contexto, sobremaneira, que o Associativismo como movimento de articulação, de trocas de experiências, integração e desenvolvimento de oportunidade, se coloca como impulsionador. E é no desenvolvimento de práticas associativas que o Empreendedorismo pode contribuir para o alcance dos objetivos, colocando ideias num campo de prática e despertando atitudes e protagonismos.

Certamente, as empreendedoras deste livro são mulheres capazes de sonhar e transformar seus sonhos em realidade. Foram capazes de identificar oportunidades, agarraram-nas, estruturaram seus recursos e não hesitaram em transformar oportunidades em negócios. A partir de agora, convido você a conhecer estas 21 mulheres incríveis, de diferentes partes do Brasil, com faixas etárias e experiências distintas, com formações variadas, mas com algo que as une intimamente: a coragem de construir boas fórmulas para realizar sonhos e a generosidade de compartilhar e ensinar, na prática, como o Empreendedorismo, a Inovação e o Associativismo transformaram suas vidas, suas carreiras e seus negócios.

Eu sou Diorgeana LaCalamita, CEO da Dior Santos Public Relations, uma agência de comunicação americana que aplica os preceitos das Relações Públicas para construir, promover e proteger marcas globais como Nissan, Burger King, Walmart, Unilever, Shell, SC Johnson e Amway em campanhas realizadas nos Estados Unidos, Europa e América Latina. Tenho a honra de ser mentorada por dois dos maiores empreendedores do mundo: Tony Robbins e Dean Graziosi. Sou mãe e investidora imobiliária. Nasci no interior de Minas Gerais e hoje viajo o mundo dando palestras e treinamentos. Tenho o orgulho de convidar você a conhecer histórias que impactarão positivamente a sua vida, e lhe inspirarão a agir e seguir em busca da realização dos seus sonhos.

Boa leitura!

Sinta o Medo e Siga Adiante.

Dior L.

ASSOCIATIVISMO

1

O que o associativismo me ensinou

O propósito desta abordagem é demonstrar que podemos superar o individualismo e aderir à coletividade em prol de objetivos comuns. No associativismo é preciso saber ouvir, reconhecer as diferenças e aprender a lidar com elas. Unir interesses para o desenvolvimento econômico e o bem-estar social dos participantes e da sociedade são as palavras de ordem.

Andréa Noronha

**Andréa
Noronha**

Bacharela em Ciências Econômicas pela Universidade Federal do Pará - UFPA (1981-1985) e Especialista em Negociação e Elaboração de Projetos de Consultoria pela Fundação Getulio Vargas - FGV (2017-2018). Empresária há 40 anos no mercado de beleza (1978-2018). Presidente do Conselho da Mulher Empresária na Associação Comercial do Pará (2016-2018). Vice-Presidente Norte I no Conselho Nacional da Mulher Empresária (2019-2021). Coordenadora executiva do Projeto Tesourinha-Belém, responsável pela inserção de mais de 450 jovens no mercado de beleza (2004-2006). Recebeu os títulos de "Mulher Padrão 2006" pelo Conselho de Profissionais do Estado do Pará e "Mulher Destaque 2017" pela Assembleia Legislativa do Estado do Pará. É proprietária da empresa ANDRÉA NORONHA *Business & Consulting*, especializada em consultoria para negócios de beleza.

Contatos
andreanoronha.business@gmail.com
Facebook: andreanoronhabusiness
Instagram: @andreanoronha
(91) 98118-8830

ngressei no associativismo por meio de um convite. O Conselho da Mulher Empresária (CME) da Associação Comercial do Pará (ACP), entidade empresarial com 201 anos no estado do Pará, estava renovando seu quadro de diretoras para a gestão de 2006-2008. O convite partiu daquela que seria a próxima presidente do CME, a paisagista Nazaré Chaves. Lembro-me como se fosse hoje. Estava indo trabalhar, o telefone tocou, eu atendi, ela identificou-se e foi logo fazendo o convite – "Andréa, gostaríamos muito que você integrasse a nova diretoria do CME, você aceita?"

Aceitei, mas confesso que fiquei impactada, nunca havia participado de nenhuma entidade associativista. O trabalho enquanto empresária de um negócio voltado ao varejo e atacado de produtos de beleza, no qual atuava há mais de 28 anos no mercado, consumia todo o meu tempo. O pouco tempo que me restava dividia com as tarefas domésticas e coordenando um projeto social. Aliás, foi o Projeto Tesourinha que me deu visibilidade e me abriu portas para o associativismo. Este projeto de responsabilidade social gerido por meio de uma Organização da Sociedade Civil de Interesse Público (OSCIP), fundada por mim, tratava-se de uma franquia social que oferecia capacitação para jovens em situação de risco para atuarem profissionalmente em salões de beleza.

Na primeira reunião da diretoria, falei somente uma vez para me apresentar e contar minha história, depois deste primeiro contato, fiquei muda durante muito tempo. Custava acreditar que fazia parte de um grupo de mulheres empresárias bem-sucedidas e que estavam ali discutindo e sugerindo ações de melhorias para nós. Aprendi a escutar muito e falar pouco. Compreendia que tinha muito a aprender antes de expressar minha opinião, pois parecia que elas tinham respostas para tudo. Aprendi a servir, estava sempre à disposição para realizar quaisquer solicitações necessárias para o desenvolvimento do trabalho em grupo. Reconhecer as diferenças e saber lidar com elas foram aspectos fundamentais para a minha sobrevivência no grupo. Desenvolver uma gestão democrática aonde todas não tivessem distinção de posição econômica, ramo de atividade, prestígio ou tempo de filiação foi uma tarefa árdua para nossa presidente e um aprendizado para mim.

Ingressei também como membro na Câmara Setorial de Responsabilidade Social e participei de projetos que já estavam em andamento. Meu conhecimento nessa área evoluiu muito, me apaixonei verdadeiramente e permaneci até 2016, quando fui indicada para assumir a presidência do CME e, no mesmo ano, fui convidada para assumir a Vice-Presidência Norte II no Conselho Nacional de Mulheres Empresárias (CNME), na Confederação das Associações Comerciais do Brasil (CACB) em Brasília. A oportunidade de liderar mulheres fortes e maduras no associativismo foi, no mínimo, desafiador. Pautei minha atuação em alguns princípios básicos do associativismo: livre adesão; gestão democrática; autonomia; aperfeiçoamento contínuo; capacitação; integração entre associados; compromisso com a comunidade e disseminação do associativismo.

Individualismo e coletividade

Considero que o indivíduo em seu convívio social expõe suas ideias e normalmente inicia um conflito, pois é comum que elas sejam contrapostas ao pensamento do próximo. Contudo, superar esse conflito, significa trabalhá-lo de forma a unir as ideias em um pensamento conjunto, racional e correto, a fim de um entendimento mútuo. Respeitar, aceitar e compreender o pensamento do próximo é condição necessária e suficiente para atenuar as desigualdades sociais, a fim de um convívio baseado no interesse da coletividade.

Diversas vezes me deparei com o dilema do individualismo e da coletividade. As mulheres são muito individualistas e competitivas entre elas, até mais do que os homens. Por isso são mais exigentes em relação a si mesmas. Muitas vezes não conseguem ter um olhar para além daquele pensamento, ao qual consideram como "certo". De verdade, não recebemos nenhuma educação voltada à prática associativista, nem em casa e nem na escola.

Eu, por exemplo, tive uma educação conservadora. No entanto, minha inquietude com relação ao não compartilhamento das minhas conquistas e aprendizado para com o próximo instigava-me muito. A partir desta compreensão, adotei uma nova postura. Comecei a pesquisar como poderia contribuir para uma sociedade melhor com as ferramentas que eu dispunha.

Estava saindo do individualismo e me preocupando com a coletividade. Foi muito importante para o meu crescimento pessoal e profissional. Com este objetivo busquei refúgio na prática da responsabilidade social empresarial. O meu propósito foi o de realizar uma gestão inovadora no associativismo feminino. Havia chegado a hora de realizar projetos e sonhos guardados na gaveta durante muito tempo.

Associativismo x responsabilidade social

Considero-me um "Robin Hood" politicamente correto, se é que possa existir. Sempre me senti assim. Minha origem é de uma família humilde, senti na pele todas as dificuldades dos menos favorecidos. A minha esperança foi a de que sempre pudesse haver "alguém" que viesse de "algum lugar" e fosse abrindo portas e criando oportunidades para os que não tinham.

Em 1978, minha mãe decidiu empreender e fez com que nós, eu, minha irmã e meu irmão, empreendêssemos juntos com ela, foi quando constituímos uma empresa familiar. Eu havia completado 14 anos de idade e já controlava o fluxo de caixa da empresa recém-inaugurada. Não sabia nem o que significava e nem para que servia tal controle, mas era obediente. Numa coluna lançava as entradas e na outra as saídas, ao final o resultado deveria ser zero a zero ou lucro, claro.

A empresa cresceu e em 1986 já estava graduada em Ciências Econômicas. Aos 21 anos, já tinha autoridade e conhecimento para tomar conta de todo dinheiro, no bom sentido. Apesar da inflação que desolava o país nos anos 80, foram os anos mais prósperos da nossa empresa. Crescemos muito e nos tornamos uma das maiores distribuidoras de produtos de beleza do estado.

Casei-me em 1988, tive três filhos, Anne, Diogo e Bianca, mas continuei trabalhando. Empresária não tem licença maternidade, tem que trabalhar, mesmo amamentando, para poder pagar uma babá e ajudar o marido a pagar as contas. Sacrifícios a parte, tinha chegado a hora de sair da invisibilidade e começar a dar a minha contribuição para a sociedade, para mim significava uma retribuição por tudo que havia conquistado até aquele momento.

Insatisfeita com as injustiças sociais, já me sentia pronta para começar a contribuir em prol de uma sociedade mais justa e sustentável. Foi quando tive a iniciativa de fundar a OSCIP, denominada Instituto de Capacitação Jovem da Amazônia (INCAJA), precisava levantar recursos com o governo para me ajudar nessa empreitada.

Em São Paulo, conheci o Projeto Tesourinha, o objetivo era o de capacitar jovens e adultos de baixa renda para atuar profissionalmente na área da beleza e inseri-los no mercado de trabalho. Consegui a franquia social para replicar o projeto em Belém, fiz parcerias com grandes empresas nacionais e multinacionais desta área, consegui recursos com o governo estadual e a minha empresa cooperou com 20% dos custos operacionais. Conseguimos uma inserção de 85% dos jovens capacitados no mercado de trabalho.

Ao ingressar no associativismo, já tinha a certeza de que poderia seguir pelo mesmo caminho. Enquanto diretora de responsabilidade social no CME, desenvolvemos vários projetos, entre eles: o Projeto Tocando com Amor com o objetivo de levar autoestima para mulheres carentes, por meio de cuidados com a beleza e o Projeto Beleza do Bem, com o objetivo de reciclar embalagens descartadas de produtos utilizados pelos profissionais de beleza e gerar renda para uma comunidade que precisava de uma atividade sustentável.

Assim como na responsabilidade social, no associativismo encontramos os seguintes desafios: possuir legitimidade, transparência nos resultados, profissionalização das ações por meio de métodos validados, ter sustentabilidade, promover parcerias com outros setores, incentivar o voluntariado, prezar pela qualidade, ter comprometimento na oferta dos serviços e não se corromper. O associativismo deve ser para a sociedade uma estratégia de fortalecimento mútuo e constante, sem o qual perde o sentido de sua existência. Na sua essência podemos afirmar que é um trabalho de responsabilidade social, visto que o foco maior é o de ensinar a pescar e não simplesmente dar a vara.

Associativismo e liderança feminina

As mulheres já nascem líderes. Tenho plena convicção disso, afinal de contas deste os primórdios da humanidade, as mulheres que dirigiam tudo em casa e os homens saiam para caçar. Hoje em dia, as mulheres avançaram e igualmente saem para caçar seu sustento. Metáforas à parte, estamos falando da crescente participação da mulher no mercado de trabalho.

É real e inegável que ao longo da história, as civilizações determinaram uma posição social de inferioridade às mulheres. O esforço para sair desta celeuma de imposições culturais é grande e na maioria das vezes parece distantes demais para ser alcançada. No entanto, chegou a hora de enfrentar as dificuldades e inspirar-se nas nossas conquistas. Faz-se mister mudar o comportamento atual das próprias mulheres e sociedade, e projetar o futuro das próximas gerações. Estamos iniciando uma nova era. Chegou a hora de empoderar as mulheres pela mudança do seu próprio comportamento. O empoderamento feminino é a consciência coletiva, expressada por ações para fortalecer mulheres e desenvolver a equidade de gênero. Empoderar-se é o ato de tomar poder sobre si.

As mulheres já apresentam várias qualidades e habilidades intrínsecas ao líder nato, sejam elas: honestidade, capacidade de delegar, comunicação, senso de humor, confiança, comprometimento, pensamento positivo, criatividade, intuição e saber inspirar pessoas naturalmente.

A participação proativa de empresárias nas associações comerciais desenvolve a capacidade de liderança e estimula o desenvolvimento político e institucional. O efeito multiplicador que estas novas lideranças exercem sobre as outras empresárias, estimuladas e motivadas a participar do associativismo é cada vez maior. A ampliação da rede de negócios é identificada pelas empresárias participantes, criando ou ampliando as empresas, com impacto para todas as economias locais.

Os Conselhos formados por mulheres empresárias no associativismo geram capacitações para a formação de novas líderes, sensibilizam mulheres sobre a importância de assumir compromissos em organizações, identificam lideranças femininas para compor diretorias das entidades, assim como mobilizam novas associadas.

Ao final da minha gestão como presidente do Conselho da Mulher Empresária da Associação Comercial do Pará, consegui inserir 20 empresas de mulheres associadas no Projeto Empreender Competitivo. Tratava-se de um projeto para formação de lideranças empresariais femininas, que foi viabilizado pelo fato de eu estar representando minha região, como VP Norte no CNME. Com certeza, se não estivesse inserida nesse grupo, não teríamos tido essa oportunidade. Isto prova o quanto é importante a articulação feminina nas entidades associativistas empresariais.

Desafios do associativismo feminino no Norte do país

Considero que o maior desafio seja o de aumentar a capilaridade nos estados do Norte do país. A falta de comprometimento com as questões de gênero em muitas entidades é algo que ainda contribui para a desigualdade no associativismo. Muitas vezes são replicados preconceitos e comportamentos culturais que precisam ser evitados e banidos do cotidiano.

É inacreditável, mas ainda encontramos a predominância do sentimento machista nessa região. As mulheres empresárias geralmente são sócias dos maridos e trabalham no administrativo da empresa, quando trabalham. Quem participa das entidades e da política são na grande maioria os homens. O quantitativo de mulheres que conseguem uma participação mais efetiva ainda é limitado. Para muitas mulheres, a desigualdade de gênero sofrida no mercado de trabalho e no associativismo é muito desanimadora. Mas, devemos entender a importância de não desistir e buscarmos sempre a força necessária para continuarmos batalhando pelos nossos objetivos e sonhos. Não devemos desistir do nosso propósito se o amamos, o que precisamos é continuar lutando e mostrando a qualidade da nossa capacidade, buscando por igualdade e reconhecimento.

As mulheres, por sua vez, têm buscado aliança com os homens nesse processo, homens modernos, desse mundo ágil e colaborativo, que estão mudando o *mindset* na perspectiva da diversidade e igualdade, entendem a importância do papel das líderes femininas no associativismo. O compromisso com a mudança cultural dentro das entidades para o respeito à diversidade como salto para a igualdade de gênero deve ser de todos, assim seremos mais livres.

2

O associativismo na minha vida empresarial

Só depois de um tempo você compreende que alguns "não" que você recebe na vida são necessários para que os "sim" se aproximem. O universo conspira para que tudo aconteça no momento certo, seja na sua vida pessoal ou profissional. E foi isso que aconteceu comigo e com o associativismo! Quando me senti preparada e de coração aberto tudo mudou.

Daiane de Moliner Nazário

Daiane de Moliner Nazário

Formada em Moda e Estilo pela UNESC e Pós-Graduada em Moda e Gestão de Marketing pelo SENAI. Foi docente no curso de Moda do SENAI/UNESC, em Criciúma (SC). Atua há mais de 15 anos no mercado têxtil, trabalhando como estilista e gerente de produto. Em 2016, fundou a SNR Estilo e Decor que detém as marcas Signora e Taormina, de confecção própria e que atende, inclusive, o mercado corporativo. No segundo ano de atuação, a marca Signora recebeu o prêmio destaque no Jornal Içarence por sua atuação no mercado de decoração de interiores com produtos personalizados. Na 20ª edição do Programa *Big Brother* da Rede Globo, suas almofadas foram escolhidas para decorar a sala principal. Em 2017, ingressou no associativismo como convidada no Núcleo da Mulher Empresária de Criciúma e, posteriormente, como integrante do Núcleo de Negócios da ACIC. Em 2019, assume a coordenação do Núcleo de Negócio que passou a ser chamado Núcleo do Empreendedor.

Contatos
contato@signora.com.br
Instagram:
@daianenazarioo
@signora_snr
@tao_taormina
(48) 99164-3940

niciar um projeto sempre é algo desafiador e, realmente, você não sabe o que ou quem vai encontrar no caminho. E se, por ventura, você for surpreendida pelo destino? E se não der tempo para você se planejar ou se preparar para tal empreendimento?

É evidente que Deus não te desampara nunca! E, nesse momento de dúvidas e incertezas, ele prepara pessoas em seu caminho. Melhor ainda, afirmo! Ele te apresenta a um grupo de pessoas que te apoiará e te dará todo o suporte, como contarei no decorrer do texto.

Em 2016, iniciei um projeto pessoal. Coloquei em prática a vontade de abrir meu próprio negócio. Filha de empreendedores, a ideia já havia sido pensada por diversas vezes, porém nada me cativava ou me encoraja nessa tarefa, uma vez que sou do tipo de pessoa que tem de acreditar naquilo que está fazendo. Preciso acreditar no negócio empreendido, como no desejo que este desperta.

Assim acredito que tal motivação foi despertada no momento em que, necessariamente, tinha que acontecer. Atuando há mais de 15 anos no mercado da moda, percebi em muitas empresas certas "mesmices"; "uma disputa pelo mesmo mercado e produto". Cansei de ver quem vendia mais as tendências que a moda ditava"! Eu carecia de algo novo!

Exercer minha função, também, como estilista ou coordenadora de produto dentro das empresas já era algo que tinha me realizado profissionalmente. Por essa experiência vivida, buscava algo diferente que eu pudesse ter vontade de fazer. Mas, como nem tudo são flores e muito menos como a gente imagina, surgiu uma pedra no caminho que fez mudar o curso dos fatos. Todavia, sem hesitação, posso dizer que foi Deus mudando a direção da minha vida e me conduzindo para onde ele queria que eu fosse e hoje estivesse.

Em 2015, trabalhava numa empresa de estamparia digital e coordenava o setor de criação oferecendo o recurso das estampas para coleções de moda, viajando para o exterior, pesquisando e criando estampas exclusivas para as confecções. Paralelo a tal função, planejava meu casamento e a construção da minha futura casa. E, foi nesse momento, em conversas com arquitetos e tendo um olhar atento ao mercado do *Home Decor*, que comecei a observar a oportunidade de um trabalho no mercado de decoração. Como desenvolvíamos estampas para o setor da moda, pensei: por que não desenvolver estampas para o mercado de decoração de interiores? Oferecer estampas para arquitetos e decoradores para que eles pudessem usar com exclusividade nos seus projetos? Eis que surge a SNR Estilo E Decor Textil; com a marca registrada Signora.

Recém-aberta a empresa, no final de 2016, tive a oportunidade de desenvolver um trabalho de personalização de almofadas para um evento. Na ocasião, conheci Lizandra da empresa de Consórcio Ademilar – a proprietária que buscava as almofadas. Lembro-me de ela ter dito que considerava muito interessante a proposta de desenvolver produtos personalizados para empresas com o design e exclusividade que estávamos entregando.

Passados uns três meses – em um evento onde a Signora estava patrocinando com algumas peças o *decor* do evento – voltamos a nos encontrar. Na ocasião, Lizandra me convidou para participar do Núcleo da Mulher Empresária de Criciúma, cuja a mesma fazia parte. Mas, o que ela não sabia era que eu estava sem condições emocionais para embarcar em algo novo.

Após, recém, cinco meses da abertura da empresa (e aqui ressalto que minha ideia inicial era uma extensão do negócio em que eu já estava: criação de estampas que agora seguiria e expandiria atuando para a decoração de interiores), tive que lidar com uma decepção amorosa em minha vida. Todavia, como melodia em movimento, a música de Rita Lee que diz "um belo dia resolvi mudar" serviu para mim, naquele momento, como uma luva perfeita a alguém que simplesmente chega e põe fim a um relacionamento de dez anos.

Entre um namoro e um casamento que envolvia sonhos a serem juntos alcançados, abriu-se a dor de uma traição covarde – tais quais tantas mulheres que sofrem com seus maridos e amantes e ainda se sujeitam a tal feito – me fizeram tomar outra forte decisão. Tive que lidar com sentimento da perda, medo do novo e uma insegurança que não imaginava que fosse tão grande. Mas, não posso aqui novamente deixar de falar de Deus, como do incondicional apoio de meus familiares que me seguraram pelas mãos e me ajudaram a caminhar. Aliás, foi nesse turbulento instante que descobri minha capacidade de seguir em frente de cabeça erguida em busca da minha realização profissional.

Pois, bem! Retomando meu encontro com Lizandra (a quem chamo de madrinha por ter me convidado a ingressar ao núcleo), esta me fez um segundo convite. Como já estava mais restabelecida emocionalmente, mesmo ainda incrédula e sem grandes perspectivas, decidi aceitar.

Foi então, quando em agosto de 2017, cheguei ao Núcleo da Mulher Empresária da ACIC de Criciúma. Sentia-me uma menina encolhida nos meus medos diante de mulheres fortes com uma postura imponente, de atitudes encorajadas e determinadas. E, se não fosse tudo isso, descobri que acima de tudo elas eram solidárias a outras mulheres. E foi, de tal modo, que me rendi; abri-me e percebi que ali era o meu lugar – espaço onde Deus queria que eu chegasse para testemunhar que ele coloca pedras no caminho não para você tropeçar e cair, mas sim para você mudar a rota e conhecer caminhos que você jamais conheceria se estivesse lá atrás, insistindo em algo que não era para você. Foi ali, naquele ambiente, que conheci o chamado associativismo. O que eu, de fato, estava fazendo naquele lugar ainda era desconhecido, mas semanalmente nos encontrávamos e a cada reunião eu me sentia melhor, mais forte e com novos propósitos: trabalhar em prol da mulher empresária, fortalecer o empreendedorismo feminino, buscar ações para crescer e se devolver como empreendedora capaz de gerar oportunidades e fomentar os negócios locais, sem medo de alguém ou qualquer coisa que possa lhe impedir de fazê-lo. Houve um fenômeno transformador na minha vida pessoal e empresarial. Estar com outras mulheres me fez mais forte.

No mesmo ano que entrei, tive a ideia de trazer mulheres empresárias para apresentar seus negócios ao grande grupo. Assim como eu estava tendo essa oportunidade, queria também proporcionar o mesmo a outras mulheres da região. Naquela ocasião, levei a ideia para a Vera (atual coordenadora no ano de 2017) e ela prontamente disse que achava ótimo e mais: que tinha vontade de fazer uma feira para empreendedoras locais.

Assim nascia um grande desafio! Tivemos menos de dois meses para organizar a Primeira Mostra Feminina de Negócios. Hoje, em 2020, talvez aconteça online – afinal, estamos vivendo uma pandemia. Mas, vale ressaltar, que este evento virou um marco para o Núcleo e uma referência para outros Núcleos e associações femininas.

Para retomada e conhecimento, a Primeira Mostra Feminina de Negócios aconteceu na sede da ACIC (Criciúma – SC) e deu muito certo por mérito e empenho de todo o núcleo e pela primeira vez, corroborando ao que já foi dito, fica muito clara a força do associativismo. Dividimos um mesmo espaço com quase 40 expositoras que puderam mostrar seus negócios, fazer vendas, além de promover *networking*. E, isso foi incrível! Nasce nesse momento um grande projeto e fica muito evidente para mim a importância de estar no meio de outras mulheres, de estar numa associação empresarial e de se posicionar como empresária. Mulheres unidas são mais fortes e com propósitos são melhores.

Em 2018, além de estar como membro de Núcleo da Mulher Empresária, também fui convidada a entrar para o Núcleo de Negócios da ACIC. Agora, a proposta era outra: empresários com visão do seu negócio, mas que buscavam se atualizar num mercado cada vez mais competitivo. Ali estavam empreendedores experientes e conscientes de que o coletivo faz crescer e desenvolver o potencial humano de cada um e fortalecer o empreendedorismo. Não obstante, em 2019 fui convidada a ser coordenadora do Núcleo de Negócios.

Estar dentro de uma associação; participar do associativismo faz você a cada dia se desenvolver, percebendo e compartilhando experiências construtivas com pessoas com mais ou menos dificuldades que a sua. Mais que em comum, sentem uma inquietação natural de qualquer empreendedor: buscar capacitação, melhorar sua rede de relacionamento e principalmente ter uma espécie de fuga daquele mundo fechado que o empresário mergulha diariamente. E, nesse sentido, percebemos que não estávamos ali somente para fazer negócios, mas nos aprimorando como consequência de um trabalho mais aprofundado e individual. Nós estávamos ali para juntos trocar experiências e levarmos adiante uma motivação única de quem jamais desiste diante das dificuldades. Foi nesse momento em que mudamos o nome para o atual Núcleo do Empreendedor.

Quando você se permite conhecer novas pessoas, escutar a opinião do outro, compartilhar e trocar informações, inevitavelmente, você melhora, abre sua mente e aumenta seu potencial. É necessário amadurecer diariamente diante das dificuldades de ser uma mulher empresária mesmo sem estar preparada para tal. Dúvidas? Muitas! Medos? Diariamente superados. E assim, estou escrevendo minha história. Uma mulher eleita por homens para coordenar um grupo que é composto por homens. E, destaco isso, por motivos de orgulho e gratidão, afinal, reforçamos nossa capacidade de nos ressignificarmos.

Estar no meio de uma associação, junto a diversas empresas, empresários e empreendedores, fez com que pessoalmente eu crescesse e junto comigo a Signora. Como indústria e criadora de produtos exclusivos, a marca despertou interesse dos próprios associados. Pediram-me para desenvolver produtos personalizados para que eles pudessem presentear seus clientes. Foi então, com a visão de quem aprendeu a ver oportunidades de negócios, que criei a SNR Speciale: uma linha da empresa que cria produtos exclusivos para o corporativismo. E é aí que posso aqui já deixar registrado meu orgulho por estar no associativismo. Se o trabalho é voluntário, o pagamento vem de Deus por ter me apresentado a este universo de possibilidades infinitas.

Hoje o grupo SNR Estilo e Decor conta com duas marcas: a Signora que, como citei anteriormente, tem um olhar para o mercado da decoração de interiores e a Taormina – uma linha de *gifts* – oportunidade de mercado que vi e foi criada em 2018 – idealizada nacionalmente para presentear famílias, amigos, pais, mães e até seu *pet*! A ideia aqui é criar produtos que as pessoas se identifiquem e queiram se auto presentear, como dar de presente a quem eles amam.

Enfim, após três anos da minha entrada no associativismo, hoje, em 2020, posso dizer que de lá pra cá sou outra pessoa; outra mulher e acima de tudo uma nova empresária. Ainda em formação, com muito para crescer e me desenvolver, foi na ACIC, no ambiente do associativismo, que me encontrei e percebi aonde queria chegar. Foi onde pude falar para pessoas que estavam dispostas a me ouvir e incentivar e não, apenas, me criticar. Pois, quando comecei minha jornada empresarial fui zombada porque eu não tinha qualificação para tal – mal sabia fazer contas matemáticas.

Dessa forma, deixo aqui registrado que mesmo diante das dificuldades, pois minhas habilidades e talentos se acentuam em criar e desenvolver produtos, foi no associativismo que descobri que quando não sabemos, andamos com quem sabe. Quando temos fraquezas buscamos ajuda dos fortes! E que, quando estamos sozinhas, devemos procurar a quem nos possa somar. Hoje, entendo que as decepções me fizeram descobrir novos caminhos. Entendo porque aqui estou, escrevendo mais este capítulo da minha vida, junto com outras mulheres que não aceitaram, assim como eu, ser diminuída. Termino dizendo que quando Deus abre uma porta, ninguém fecha. Quando Deus dá oportunidade, ninguém tira. E, quando você se permite o céu é o limite. Aliás, tem uma frase do Walt Disney que diz: "Gosto do impossível porque lá a concorrência e menor".

3

Associativismo, com essa força construí a minha história!

O objetivo deste capítulo é compartilhar o que aprendi com o associativismo. Evoluir e conquistar, sem deixar para trás nossa essência, fazendo dela, fator determinante para atingir nossas metas. Entender que somos únicas, mas não vivemos sozinhas, e que a gratidão pelos desafios, é uma arma poderosa para o sucesso.

Janelise Royer dos Santos

Janelise Royer dos Santos

Sócia da Transportes Bernardo, terceirizada da Expresso São Miguel e da Albano Royer Administradora de Participações Societárias. Associada ao Banco da Família. Atualmente, ocupa os cargos de vice-presidente na Associação Empresarial de Lages (ACIL), Diretora da Federação das Associações Empresariais de Santa Catarina (FACISC), vice-presidente Regional do Conselho Estadual da Mulher Empresária (CEME), Conselheira Estratégica do Orion Parque Tecnológico, Presidente da Associação Lageana de Arte e Cultura Tradicionalista (ALCAT). Já atuou como vice-presidente de serviços, 2ª secretária e coordenadora do Núcleo da Mulher Empreendedora na ACIL; 1ª secretária e presidente do CEME; secretária do Conselho Nacional da Mulher Empresária da CACB. Cursa Administração pela Unicesumar. Participou do Programa de Desenvolvimento de Gestores, PNL, *Life e Executive Coaching, Empretec, Master Mind.*

Contatos
janelise_15@hotmail.com
Instagram: @janeliseroyer
(49) 99142-4886

N asci em julho de 1976, em Foz do Iguaçu (PR). Cresci em São Miguel do Oeste (SC), onde me casei, em 1996, com Paulo Sérgio e nasceram meus filhos, Bernardo (23) e Ângela (19), que são minha maior riqueza.

Com minha família aprendi muito. Minhas avós, Leonilda (materna) e Apolonia (paterna), me ensinaram a abnegação, dignidade e amor. E com meus avôs, Arcile (materno) e Martin (paterno), aprendi sobre trabalho, respeito, honestidade e que nome e palavra devem ser honrados. Meus pais, meus exemplos de luta, empreendedorismo e fé, sempre foram meu porto seguro e meu apoio, mesmo separados.

Minha infância foi feliz. Vivi todas as alegrias do convívio familiar, com meus primos, tios e avós. Era muito moleca, adorava jogar bola, andar de bicicleta e brincar com minha irmã, sete anos mais nova e minha melhor amiga. Dancei *ballet*, *jazz* e ginástica rítmica. Joguei basquete, esporte que amo, e Magic Johnson era meu ídolo na adolescência. Em casa, quando estava sozinha, cantava e fingia estar no palco. Fazia mil coreografias e interpretações.

Sempre fui um turbilhão de sentimentos e sonhos. Excelente aluna, líder de classe, defensora dos colegas e visita constante na sala da orientadora pedagógica. Sempre tinha argumentos, mas me mandavam ficar quieta, porque meninas educadas não dão palpite e nem se metem nas conversas dos adultos. Crescer não é fácil e, aos poucos, vamos matando aquela criança que vive em nós. E, assim, a menina tagarela e curiosa foi se encolhendo e deu lugar à mulher, mãe e esposa, que precisava se encaixar dentro dos padrões.

Ao final do ensino médio, estava noiva e tive que trabalhar, deixando a faculdade para depois. Em 2001, mudamos para Lages (SC) e nos tornamos empresários do ramo de transporte de cargas fracionadas, prestando serviços à Expresso São Miguel, empresa fundada por meu pai em 1995. Aos 39 anos iniciei minha graduação em administração.

Iniciei no associativismo em 2012. Já tinha sido convidada, algumas vezes, a participar do Núcleo da Mulher Empreendedora da Associação Empresarial de Lages (ACIL), mas relutava, pensando que eu não teria nada a contribuir, afinal eu era só uma mulher comum, sem graduação, que trabalhava e cuidava da família. Cheguei tímida. Sentia-me inferior, como se minhas ideias ou opiniões não tivessem valia. A falta de auto-confiança foi a maior muralha que ergui dentro de mim e para derrubá-la precisei de ajuda. Fiz um curso de Programação Neurolinguística e consegui desmistificar algumas crenças arraigadas no meu íntimo e ressignificar palavras, usando-as a meu favor.

Em 2014, fiz o *Empretec* do Sebrae e descobri que eu tinha a capacidade de envolver as pessoas e conseguir sua cooperação e que isso era algo que eu deveria explorar, mas eu ainda sentia medo de me expressar. Então, entrei no mundo do *coaching*. Uma das atividades consistia na escolha de alguém que admirávamos por ser capaz de realizar aquilo que para nós, era difícil e, assim, modelar o nosso comportamento. Para mim, alguns exemplos de força e caráter, autenticidade e liderança, respectivamente, eram Hebe Camargo, Rita Lee e Bernardinho. Quando surgia alguma situação, eu chamava um deles e me fortalecia. Bernardinho dizia: "Vai lá e fala, pô", Rita Lee completava "*baby*, é hora de assumir ou sumir" e, rindo, leve e dona de mim, consegui me soltar, porque a Hebe sempre me dizia: "Gracinha, ninguém vai calar a nossa voz".

Me perguntei várias vezes: o que é associativismo? O que ele pode me trazer de bom? Quando compreendi que a união de pessoas, com finalidades comuns, traz fortalecimento e um conhecimento que nenhum treinamento nos dá e que isso reflete no desenvolvimento do ecossistema e melhoria do ambiente coletivo, clareei a visão sobre o assunto. Entendi que, somando ideias e competências, as chances de gerar soluções, bem como superar desafios e dificuldades é muito maior. Ampliamos nossa rede de relacionamentos e desfrutamos dos benefícios do esforço conjunto, pois, quem divide conhecimento, multiplica oportunidades.

No ano de 2014, assumi a coordenação do Núcleo da Mulher e uma cadeira na diretoria da ACIL, como vice-presidente de Serviços. Nesse período, uma grande amiga e integrante do núcleo, Fátima Piucco, assumiria a presidência do Conselho Estadual da Mulher Empresária (CEME) e me convidou para ser 1ª secretária. Então, em um trágico acidente ela partiu, mas já havia deixado em mim o compromisso de seguir adiante. Na gestão seguinte, fui convidada a assumir a presidência do CEME e a integrar a diretoria da Federação das Associações Empresariais de Santa Catarina (FACISC). Nesse novo desafio, contei com a ajuda de uma profissional incrível e amiga maravilhosa, a consultora Glauciele Lerner. Ao mesmo tempo, assumi os cargos de 2ª secretária na ACIL e secretária no Conselho Nacional da Mulher Empresária (CNME) da Confederação das Associações Comerciais e Empresariais do Brasil (CACB), onde aprendi muito com a presidente e amiga, Neiva Kieling.

Na ACIL e na FACISC, as diretorias eram predominantemente masculinas, mas me coloquei a serviço das instituições, ouvindo muito e contribuindo nas ações e, desta forma, pude me posicionar e mostrar quem sou. Nunca entrei em conflito, no entanto, sempre defendi meu ponto de vista, exercendo a empatia e me moldando às situações, para aproveitar a sabedoria envolvida no processo. Sempre acreditei que homens e mulheres se complementam e que o respeito às diferenças na forma de pensar e agir é necessário para manter a harmonia. Acredito que objetividade e clareza na comunicação melhoram o relacionamento em qualquer ambiente, seja pessoal ou corporativo.

Nas minhas gestões como presidente do CEME, dediquei tempo e presença aos núcleos do estado, que eram 52 e chegou a 64 ao fim de quatro anos. Foi minha maior escola e onde tive a oportunidade de colocar em prática o que havia aprendido. Além do trabalho desenvolvido à frente do conselho, partilhava palavras que eu percebia serem necessárias naquele momento. O meu anseio era ajudar, compartilhar, incentivar e fazer as mulheres olharem para dentro de si e perceberem-se importantes para o equilíbrio de todo o universo. Cada olhar, cada sorriso, cada semblante cheio de dúvidas e desejos, me fazia crer que estava no caminho certo. Conheci mulheres incríveis, com experiências e histórias valiosas. Esta troca só me fez evoluir e valorizar o que eu tinha de melhor, que era a empatia e a facilidade em criar conexões com as pessoas.

Sempre falei sobre o fato de termos muitas empreendedoras de sucesso em nosso estado, mas poucas lideranças em instituições. Com bom humor e simplicidade, mostrava que as oportunidades existiam para todas e as instigava a assumirem cargos de liderança nas associações que participavam. Os tempos estavam mudando e precisávamos deste novo olhar para o associativismo. Citava o exemplo dos homens que quando recebem o convite para exercer algum cargo, se considerarem interessante para eles, não questionam se estão preparados ou não, eles assumem e vão aprendendo e ajustando as coisas durante o processo. Isso não é errado. As mulheres só aceitam quando se sentem totalmente preparadas, porque carregam um sentimento de responsabilidade com o mundo e uma culpa muito grande em relação à família. Preocupam-se em não decepcionar os pais, em ser bom exemplo para os filhos, em deixar sua marca. Muitas vezes precisam fazer escolhas que nem sempre são fáceis. Para mudar aquilo que julgamos necessário, é preciso ter poder, estar na liderança, ter a caneta.

No passado, a ascensão de mulheres ao poder era difícil e para poucas, mas foi essencial para quebrar paradigmas quanto à capacidade e à força femininas. Estas mulheres eram poderosas e distantes da realidade da maioria de nós e isso nos impedia de crer em nossa capacidade de chegar onde elas chegaram. O modelo de poder exigia da mulher uma postura rígida e, por vezes, sua identidade feminina era colocada de lado, para ser levada a sério e, mesmo assim, as batalhas eram difíceis, e desleais. As pioneiras foram incríveis.

Com as mudanças que o mundo vem sofrendo, terão vantagem competitiva os mais adaptáveis, flexíveis e dispostos a mudar. O melhor profissional será aquele que conseguir absorver aprendizado em cada momento. Por isso, sempre digo às mulheres para aprendermos com os homens a encarar o que a vida nos oferecer. É imprescindível entender que somos fisiologicamente distintos e, para conquistar nosso espaço, precisamos nos conectar, compreender as diferenças de comportamento e usar de inteligência emocional para alcançar a igualdade de oportunidades. A humanidade precisa de homens e mulheres trabalhando juntos e unindo suas habilidades para o bem comum. Precisamos unir as mentes em prol de algo maior.

No livro *Pense e enriqueça para mulheres*, de Sharon Lechter, há o relato de um estudo do cérebro feminino feito pela médica americana, Pam Peeke. Ela compartilhou que "as mulheres são projetadas para colaborar, criar empatia, criar relacionamentos duradouros e transmitir as declarações de missão que formam a base do sucesso sustentável". Precisamos praticar a sororidade e respeitar a caminhada de cada mulher. Ninguém é perfeito, mas costumamos ser cruéis com quem não segue a nossa cartilha. Julgamos demais e condenamos sem piedade. Temos dificuldade em aceitar quem pensa fora da caixa. Podemos mudar isso? Claro! Olhe com bondade e compaixão e ouça mais do que fale, assim, conhecerá melhor os outros e o julgamento deixará de fazer parte da sua vida. Vivemos uma era altamente tecnológica, com constante inovação e nossa forma de ver a vida, também, precisa evoluir.

Muitas coisas aprendi fazendo, errando e tentando de novo. Não sabia conduzir uma reunião de forma objetiva, porque gosto de deixar as pessoas falarem, se expressarem e isso não permitia manter o ritmo. Também não sabia delegar, pois, sempre fui ótima executora. Entretanto, dentro do Núcleo da Mulher Empreendedora, eu precisava compartilhar o trabalho e isso refletiu positivamente na minha empresa. Aos poucos, fui repassando a forma como eu gostava das coisas, quais eram meus valores e dando autonomia para que eles pudessem realizar as atividades, cada um do seu jeito. Desta forma, tive um rendimento melhor e otimizei meu tempo, conseguindo sair da empresa para voar em outros ares.

Imaginem o poder de motivação que exercemos nas pessoas que lideramos e que se inspiram em nós. Um exemplo disso, é a história de Thomas Alva Edison o inventor da lâmpada elétrica, entre tantas outras invenções geniais. Ele foi expulso da escola sob alegação de ser péssimo aluno e não progredir igual aos outros. Sua mãe, Nancy, disse-lhe que ela teria que ensiná-lo em casa porque a escola não sabia mais o que lhe ensinar por ele ser muito especial e o mais inteligente da turma. Quando sua mãe morreu, ele achou a carta da escola e entendeu o que ela havia feito. Em uma entrevista mais tarde, disse: "eu sou o resultado do que uma grande mulher quis fazer de mim".

Sempre acreditei que crescer sozinha não fazia sentido e que eu tinha compromisso com as pessoas ao meu redor. Fiz o possível para arrastar outras mulheres comigo. No Livro dos Espíritos, Kardec escreveu, "a humanidade progride por meio dos indivíduos que se melhoram pouco a pouco e se esclarecem. Quando estes se tornam numerosos, tomam a dianteira e arrastam os outros". Aprendi um pouco com cada mulher que me deu a mão nesta caminhada no associativismo e cada uma delas sabe o valor que tem na minha história. Não posso citar todas, mas em nome de Isabel Baggio, Lúcia Helena Machado, Larissa Schultz e Poliana de Oliveira coloco todas que me ajudaram a trilhar meu caminho nas frentes que participo. Aprendi com minha grande amiga Cleudete Amorin que "quando se agradece, a graça desce". Quando a gratidão fez morada em mim, todos os caminhos se abriram e pude fazer melhor uso dos meus talentos.

O que aprendi de mais valioso, é que quando respeitei minha integridade e minha voz, conquistei o respeito dos outros. Que cada pergunta, merece avaliação sobre a necessidade da resposta, pois, o silêncio por vezes é o maior trunfo. Que não devemos temer as mudanças e que problemas têm solução, talvez só precisemos mudar a ótica. Que não devemos ter vergonha de pedir ajuda, de dizer que não sabemos e termos humildade para aprender e generosidade para ensinar. Não quero ser melhor que ninguém, só desejo amanhã ser melhor do que fui hoje.

Tenho todas as dúvidas quanto ao futuro, mas tenho fé na minha colheita porque sei as sementes que plantei. Se puder deixar nestas linhas um conselho, eu diria para amarem com força e intensidade a mulher que te sorri no espelho todas as manhãs. Valorize as suas lutas, suas marcas, suas vontades, suas paixões e brinde com ela cada momento, cada conquista, pois, se ela estiver feliz, contagiará e iluminará o mundo a sua volta. Ame a Deus sobre todas as coisas e as pessoas a seu lado como a si mesma.

4

O associativismo
é uma mulher

A solidariedade, a participação, a união e a cooperação – características essenciais ao associativismo - são valores intrinsecamente ligados ao feminino. Este artigo fala sobre o empreendedorismo, a inovação e o associativismo das mulheres. Versáteis na vida pessoal e profissional, elas estão sempre prontas para os mais exigentes desafios. O que podemos aprender com isso?

Mônica Moraes Vialle

Mônica Moraes Vialle

Sócia e diretora da MOOM Consultoria e *Coaching*, empresa binacional com sedes no Brasil e em Portugal. *Master coach*, consultora, palestrante e escritora, obteve sua formação em *coaching* junto às mais importantes instituições nos EUA: Ohio University, Florida Christian University e no Brasil: Instituto Brasileiro de *Coaching* (IBC), Sociedade Brasileira de *Coaching* (SBCoaching) e Instituto Holos. É mentora e consultora em Liderança, *Coaching*, Arquitetura, Urbanismo e *Real Estate*. Mestre em Arquitetura pela Universidade de Lisboa, em Portugal, graduada em Arquitetura e Urbanismo pela PUC, técnica em Edificações pelo Liceu de Artes e Ofícios de São Paulo, cursou MBA em Gestão de Negócios de Incorporação e Construção Imobiliária na FGV, e especialização em *Real Estate*. Seu histórico profissional passa por mais de 20 anos em posições de liderança em empresas importantes no Brasil.

Contatos
www.moomconsultoria.com
consultoria@moomconsultoria.com
Facebook: moomconsultoria
Instagram: @moomconsultoria
LinkedIn: MOOM Consultoria & Coaching

O associativismo é uma mulher.
Sim, o associativismo é feminino. E se à primeira vista essa frase te causou estranhamento, vamos fazer um passeio pela história. Não é por acaso que as mulheres foram responsáveis por grandes mudanças da humanidade. Também não é nada difícil citar exemplos de mulheres que mudaram o mundo com a força do associativismo quando essa palavra ainda nem era difundida.

Isso também significa que o associativismo já era praticado antes mesmo de ser verbete. Pois o termo significa uma iniciativa, organizada formalmente ou não, de um grupo de pessoas que querem a mesma coisa: solucionar problemas, seja de qual âmbito for (político, social, ambiental, econômico, por exemplo), e encontrar soluções pacíficas para eles. Com união, com perseverança, com amor.

E as mulheres já não nascem fazendo isso? Está no DNA feminino cuidar, ver e enxergar o outro. Fazer tantas coisas ao mesmo tempo que possam acompanhar o pensamento acelerado. E isso não é sexismo. Cientificamente é comprovado que o cérebro do homem é um tanto mais pesado que o da mulher. Há diferenças aí.

E isso significa que também há padrões de conexão distintas entre os dois. Ambos têm o mesmo potencial de inteligência, mas habilidades diferentes. O que não quer dizer, claro, que os dois não possam fazer as mesmas coisas, mas mostra que as mulheres nascem com habilidades inatas e características delas.

O cuidado, a solidariedade, a participação, a união e a cooperação – características essenciais ao associativismo - são valores intrinsecamente ligados ao feminino. E se da natureza mais pura podemos aprender isso, a história também nos mostra como as mulheres são fortes e associativistas por princípio.

Associativismo feminino: histórias que inspiram

E não faltam exemplos que comprovam, sim, que o "associativismo é uma mulher". Vamos fazer uma viagem para o ano de 1412 quando nasceu Joana D'arc (morta em 1431) e que tão jovem se transformou de uma camponesa analfabeta a uma das mulheres mais importantes da história. Dona de uma personalidade ímpar, foi chefe militar da guerra dos 100 anos na França. Executada como uma herege para depois ser canonizada pela Igreja Católica.

Antes de mais nada, Joana acreditou na mudança. E acreditou que a cooperação e a união podiam mudar o mundo. E pode. E o que ela tem em comum com outras mulheres que mudaram a história? Se avançarmos um pouco mais, por exemplo, temos a primeira mulher a receber o Prêmio Nobel da Paz.

Bertha Von Sutter nasceu em 1843 e escreveu o clássico romance *Die Waffen nieder!* Abaixo às Armas!. Foi pioneira na luta pelo desarmamento e utilizou a literatura para abrir esse espaço de discussão. Não por acaso, recebeu a premiação que a destacou e a imortalizou, em 1905. Berta morreu em 1914 deixando um legado incomensurável.

Seguimos um pouco mais no tempo e temos Madre Teresa de Calcutá. Um dos maiores exemplos de dedicação ao outro, ela nasceu em 1920 e morreu em 1997. Ao atravessar inúmeras dificuldades e conquistar um espólio único, essa albanesa naturalizada indiana é, até hoje, um exemplo de superação. Ela também recebeu o Nobel da Paz em 1979 e em 2016 foi canonizada pelo Papa Francisco.

Novamente em comum, vemos o desejo pela mudança e a doação acima de tudo. E por doação entendemos mais do que questões materiais. As mulheres que entraram para a história ofereceram à humanidade seu tempo, sua inteligência, seu amor. E independente do cargo que ocuparam, elas têm isso em comum.

Vale citar, por exemplo, a primeira mulher a ocupar o cargo de Primeira-Ministra no Reino Unido. Margaret Thatcher (1925-2013) ficou conhecida como a "Dama de Ferro". Venceu preconceitos e uma legião masculina para defender princípios do liberalismo clássico. Um dos seus principais desafios foi lidar com a recessão e um grande índice de desemprego. Ela venceu!

Sem limites para a liderança

A Dama de Ferro não foi a única. Se chegarmos mais perto da nossa geração, vamos ver inúmeros exemplos. Famosos ou não. Mulheres empreendedoras lutam. Por sua família, por seus amores, por uma vida melhor. E encontram na adversidade ainda mais energia para seguir em frente.

E ainda que o mundo continue a mostrar resquícios de preconceito contra as mulheres, elas continuam lutando. Desde a mulher que vende doces para sobreviver, enquanto cuida dos filhos e tenta (e consegue) concluir os estudos, até aquela com mais condições de sobrevida. Porém, que também precisa galgar espaço constante em um mundo que tenta deixar para trás os princípios essencialmente machistas.

Um exemplo é que, em 2019, mais da metade das pessoas listadas pela Revista *Time* como as mais influentes da história eram mulheres. Foi a primeira vez que isso aconteceu desde 2004, quando a lista começou a ser publicada. Não resta dúvidas que as mulheres estão conquistando o merecido espaço.

Um espaço que vem sendo reconhecido no mundo todo. Por exemplo, em 2018, constavam na lista, 45 mulheres. Três a menos que em 2019. Na listagem mais recente, vemos nomes de várias posições e profissões. Desde as *pops* Lady Gaga e Sandra Oh, a primeira mulher de descendência asiática a vencer dois prêmios Globo de Ouro, até atletas como a jogadora de futebol norte-americana Alex Morgan e a jovem Naomi Osaka, que surpreendeu o mundo ao derrotar a gigante Serena Willians na quadra, com apenas 21 anos.

Não poderia ficar de fora da lista nomes como o da ativista e organizadora comunitária Alexandria Ocasio-Cortez, a mais jovem mulher a conquistar o Congresso norte-americano, com apenas 29 anos. E, claro, a ex-primeira-dama dos Estados Unidos Michelle Obama.

Michelle é um exemplo para muitas mulheres e homens. Ela ganhou um documentário que estreou na plataforma Netflix e que conta sua história. Vale todos os minutos como inspiração. O trabalho mostra a ex-primeira-dama americana em turnê por 34 cidades para divulgar sua autobiografia. As cenas mostram Michelle em visitas a escolas públicas, apresentações em estádios lotados e registra um público emocionado por onde ela passa.

Becoming, o título tanto do documentário como do livro pode ser traduzido livremente como "Transformando-se". E claro, fala da transformação da jovem mulher em uma das pessoas mais influentes e inspiradoras da atualidade. Tanto no livro como no documentário, as duas maiores lutas de Michelle são lembradas: contra o racismo e a favor da emancipação feminina.

Esses são alguns exemplos de mulheres que se destacaram e foram reconhecidas pela Revista Time em 2019, mas existem milhares de mulheres que não são lembradas e que fazem um trabalho igualmente espetacular em diferentes frentes. Olhe para o lado e veja quantas delas podem te inspirar. Certamente há exemplo bem perto de você. E você mesma também pode servir de exemplo, não é mesmo?

Autoconhecimento, mulheres e organizações: tríade do sucesso

Não há como duvidar que o empreendedorismo feminino tem um efeito multiplicador na economia. Uma pesquisa do Serviço Brasileiro de Apoio às Micro e Pequenas Empresas (Sebrae-Nacional) mostra que o Brasil tem a 7ª maior proporção de mulheres entre os empreendedores iniciais no mundo. No Brasil, as mulheres respondem por 34% dos donos de negócio, na média nacional. Os dados são de pesquisa realizada pelo Sebrae em 2018. A mesma pesquisa mostra que o Brasil tem aproximadamente 24 milhões de mulheres empreendedoras.

A força em empreender está ligada às próprias transformações do universo das mulheres ao longo dos anos. Além de assumirem o importante papel de empreendedoras, muitas vezes pela necessidade em suprir as carências financeiras como única chefe de família, elas também estão ocupando importante papel dentro das organizações.

E no Brasil não faltam exemplos, assim como os das mulheres que fizeram histórias no mundo, as brasileiras, pela sua força e capacidade criativa, também se destacam. Como é o caso da empresária Luiza Helena Trajano, que comanda a gigante Magazine Luiza. Ela transformou a loja herdada dos tios em uma das maiores varejistas do país e, mesmo em tempos de crise, conseguiu se destacar positivamente em um cenário quase caótico.

Durante a maior crise sanitária e econômica do século, causada pelo coronavírus, Luiza foi na contramão do cenário devastador, não demitiu os funcionários e ainda apoiou medidas de saúde e de contenção à crise.

Não por acaso, uma notícia sobre a situação do coronavírus também chamou a atenção do mundo. Da Nova Zelândia à Alemanha, Taiwan e Noruega, os países liderados por mulheres notificaram relativamente menos mortes pela Covid-19. Essas mulheres foram colocadas como "exemplos de liderança". Em artigo publicado na Revista Forbes, a colunista Avivah Wittenberg-Cox escreve: "as mulheres estão se colocando à frente para mostrar ao mundo como gerenciar um caminho confuso para a nossa família humana".

Essa característica do universo feminino, que desenvolve e estimula capacidades realizadoras, mostra a força das mulheres em gerenciar situações de risco, ter protagonismo, buscar renda em novos negócios, empoderar-se e mudar o seu lugar no mundo, seja na comunidade, no trabalho ou como líder de uma nação.

E elas enfrentam todas as dificuldades com força e resiliência. Porque essa é uma luta histórica e que ainda não acabou. Mesmo com todos esses exemplos, infelizmente, não há como dizer que não existe desigualdade de gênero, na sociedade e no mercado de trabalho.

Isso não pode ser considerado um empecilho. A garra feminina é capaz de suprir esses obstáculos, e, por isso, elas continuam de destacando nas mais variadas áreas. E o meio mais eficaz para continuar e reforçar essa luta é o autoconhecimento. As mulheres precisam entender o seu papel na sociedade e, principalmente, definir os seus objetivos. Está no interior a força para seguir em frente, independente das adversidades.

Maternidade, empreendedorismo e mercado de trabalho

Nada é mais desafiador para uma mulher do que a maternidade. É quando as mulheres superam as próprias dores para se doar completamente a uma outra vida. E nem estamos falando apenas do parto, pois a maternidade pode acontecer de diferenças formas.

É um cuidado inato às mulheres. É quando elas despertam para habilidades que não imaginavam possuir, como fazer várias tarefas simultaneamente, gerenciar o tempo, gerenciar conflitos, administrar recursos e chefiar projetos. Alguma semelhança com o empreendedorismo ou com o currículo que empresas pedem em cargos importantes? Pois é, ser mãe, também é trabalhar constantemente a mentoria, a empatia, a negociação e a administração de recursos, incluindo tempo e dinheiro. Então, não é possível descartar uma mulher do mercado de trabalho porque ela será ou é mãe. Pelo contrário, isso dará habilidades únicas para ela.

É claro que as mulheres que não optaram pela maternidade convencional também têm essas habilidades. A trajetória de pioneirismo e coragem está nas mãos femininas independente das escolhas de gerar um filho ou não. Mas é fato que as mulheres que são mães ainda têm um longo caminho a percorrer contra o preconceito no mercado de trabalho.

Em 2020, um fato inédito mostrou que as pessoas estão dispostas a mudar essa situação. Uma semana antes do Dia Internacional da Mulher, em 8 de março, a Revista Forbes escolheu a co-fundadora do banco digital NuBank, Cristina Junqueira para estampar sua capa quinzenal.

O detalhe é que Cristina estava grávida de 40 semanas. Este foi um fato inédito no Brasil, já que foi a primeira vez que uma mulher grávida de destacou na capa de uma revista internacional. Ela foi considerada uma das 20 mulheres brasileiras mais importantes na publicação.

O caso lança holofotes ao importante debate sobre o equilíbrio entre maternidade e carreira. Sim, é possível. E se as mulheres empreendedoras sabem disso mais do que ninguém, as corporações também estão abrindo os olhos para essa questão. Uma realidade que mostra o imenso e intenso potencial das mulheres e mães driblando preconceitos e assumindo o papel de protagonistas no mercado de trabalho.

Seguindo em frente: caminhos que ensinam

A desigualdade entre gêneros e a barreira cultural não pode ser responsável por impedir o desenvolvimento profissional de milhares de trabalhadoras. Se aprendermos com o passado e com as próprias adversidades, também podemos assimilar que a força das mulheres é um estímulo e um exemplo para seguir em frente, sempre.

Deixar fluir a criatividade, inovar e aceitar os próprios desafios está entre os aprendizados que as mulheres devem apostar para desenvolver o seu potencial. Pode parecer discrepante, mas sim, é preciso alçar voos, mas também aceitar os próprios limites. Intensificar e acentuar os pontos fortes e saber que é humanamente impossível dar conta de tudo ajuda a lidar com a ansiedade e com o medo.

O que temos que ter em mente? Nós conseguimos! Acredite em você e no seu potencial e siga em frente, com e apesar das adversidades. Você é sua maior aliada.

5

Liderança feminina e associativismo: transformando desafios em oportunidades

Sempre acreditei que encarar as oportunidades com otimismo pode transformar desafios em grandes realizações e essa crença se fortaleceu quando passei a viver o movimento associativista. Nas próximas páginas, compartilho experiências e os surpreendentes resultados ao liderar pelo exemplo e engajar pessoas em um propósito comum.

Poliana de Oliveira

Poliana de Oliveira

Advogada formada pela UNOESC (2008) e corretora de imóveis pela IBREP (2008), possui MBAs em Gestão Empresarial (2011) e Gestão de Negócios na Construção Civil (2016), ambas pela FGV. Formada pelo Instituto Dale Carnegie, *Life Coach* pelo Instituto Vanessa Tobias e intercambista pela *EC English Vancouver*. É sócia administradora da Concreoeste Usina de Concretos e diretora administrativa e financeira do Grupo Oliveira, com mais de 20 anos de experiência nas áreas administrativa, jurídica e comercial. Foi convidada especial do Programa de Gestão e Vivência Empresarial (PGVE). Participa ativamente do movimento associativista desde 2009. Presidiu a CDL e a Associação Empresarial de Maravilha (2017-2019); integra a diretoria da Federação das Associações Empresariais de SC (FACISC) e preside o Conselho Estadual da Mulher Empresária de SC (CEME) na gestão 2020-2021.

Contatos
www.grupooliveira.com.br
poliana@grupooliveira.com.br
Facebook: poliana.deoliveira.71
Instagram: @poliveiramh
(49) 98837-8868

Você conhece um jogo em que ninguém perde, todos ganham? Sim, ele existe há mais de um século: é o Jogo do Contente! Minha mãe, em sua adolescência, leu o livro que contava a história da Pollyanna, uma garota que transformou a sua vida e de todos ao seu redor com o Jogo do Contente. Ao mesmo tempo em que experimenta conflitos, inquietações, emoções e dúvidas, a personagem ensina como é possível superar qualquer obstáculo com otimismo e vontade de viver. O poder desse jogo é mágico, transformador, e foi daí que surgiu meu nome e toda a expectativa que nasce junto com um filho.

Dona Angela e Sr. Lenoir, como costumo chamar, vieram de famílias humildes de agricultores, que vizinhavam no interior de Maravilha, Santa Catarina. Minha mãe, professora de Educação Física, e, meu pai, pedreiro. Ambos com muita garra e ambição por vencer na vida, saíram muito cedo de casa, levando muitos sonhos em sua bagagem. Quando nasci, morávamos em Cunha Porã, uma pequena cidade do extremo Oeste catarinense, com uma população de cultura alemã e bastante tradicional na época. Nasci junto com a construtora que meu pai havia fundado e, logo, minha mãe abriu uma loja de materiais de construção, que "casava" com a empresa do meu pai. Nos anos 1980, não era comum ver mulheres trabalhando no segmento da construção civil, ainda mais em uma cidade pequena. Moramos um tempo em Cunha Porã e, com oito anos, nos mudamos para Maravilha, onde minha mãe abriu uma filial.

Aos 12 anos, tinha minha carteira assinada e trabalhava meio período na loja da minha mãe, que sempre foi uma mulher à frente do seu tempo. Meu pai, visionário e arrojado, trabalhava incontáveis horas por dia e viajava muito para fazer obras fora, sempre na ânsia de ter uma grande empresa. Eles sempre foram muito exigentes comigo e demorei anos para compreender a liberdade que tive e a excessiva cobrança de meus pais. Fui criada com um *mindset* de crescimento e, hoje, agradeço por tudo isso. Tive o privilégio de crescer e evoluir junto com as empresas da nossa família, o Grupo Oliveira, e, aos poucos, fui conquistando o meu espaço tão sonhado e batalhado. Agora, me considero uma sucessora e não somente uma herdeira, e trabalho diariamente com esse propósito.

O chamado para o associativismo

Para aquela que passava seus dias mergulhada no trabalho, na burocracia, eis que surge, então, um convite. Em 2012, fui convidada a integrar a diretoria da CDL e da Associação Empresarial de Maravilha, entidade que, há 20 anos, teve minha mãe como a primeira mulher a presidi-la. Com esse chamado, comecei a entender o propósito daquilo tudo – o que unia homens e mulheres, voluntariamente, em uma causa comum. E lá estava eu, conselheira fiscal, numa tarefa mais "tranquila", como havia pedido para me ajustarem. Mas, a cada reunião que eu participava, me prontificava a integrar mais uma comissão, e mais outra diretoria, e, aos poucos, fui me envolvendo, participando de eventos, congressos, feiras, e não perdia uma reunião se quer.

Então surgiu o desafio de criar o Núcleo da Mulher Empresária em Maravilha. Participei da fundação e fui a primeira coordenadora de um grupo muito especial de mulheres, do qual muitas fazem parte ainda hoje. Tínhamos um trabalho incansável para viabilizar todos os eventos, buscando parcerias, patrocínios, e comercializando os ingressos para um grande número de pessoas, tornando acessível a todos os associados e à comunidade, pois acreditávamos que nossas ações poderiam fazer a diferença – e faziam.

O Núcleo da Mulher Empresária de Maravilha, tanto em eventos e missões, quanto em sustentabilidade financeira, era destaque regional, e fui convidada para apresentar nosso case em um congresso em Florianópolis. Isso me trouxe outro convite – para atuar como vice-presidente regional e, depois, como vice-presidente estadual do Conselho Estadual da Mulher Empresária de Santa Catarina (CEME), cargos voluntários aos quais me dediquei com afinco e propósito. Sempre enalteci as mulheres da diretoria o privilégio que sentia em fazer parte dessa rede, pois eu normalmente era a mais nova, convivendo com pessoas incríveis, muito vividas e experientes. Essa troca é a melhor justificativa para explicar o porquê de nos dedicarmos à causa.

Um passo além e um grande projeto realizado

Nesse meio tempo, veio o convite para ser vice-presidente da CDL e da Associação Empresarial de Maravilha. Depois de integrar tantos trabalhos e ter tido tantas vivências positivas, não recuei e aceitei prontamente. De forma natural, assumi a presidência na gestão seguinte. Minha diretoria era formada 50% por homens e 50% por mulheres. Sempre buscamos essa sintonia para oportunizar o surgimento de novas lideranças e realizamos um trabalho conjunto, onde todos tinham espaço para expor suas ideias e executar as ações de sua pasta.

Sempre enxerguei os desafios como oportunidades e foi isso o que me trouxe até aqui. Enquanto presidente, busquei não somente o resultado financeiro para apresentar em cada assembleia, mas também o grau de satisfação e pertencimento dos associados. Um dos grandes feitos da gestão foi a construção da sede própria das entidades, que era um sonho alimentado pelos sócios há mais de duas décadas, e, no dia 21 de fevereiro de 2019, após três anos de trabalho, inauguramos a tão sonhada obra. Além da sede, nossa diretoria teve diversas outras conquistas, não apenas materiais. De forma transparente e responsável, superamos todos os obstáculos que surgiram e concluímos o ciclo com sucesso. Foi um período de muito crescimento, aprendizados e, literalmente, transformações, vivenciadas por meio do associativismo. Atribuo tudo isso ao TRABALHO EM EQUIPE e aos pilares que norteavam nossas ações: qualificar, gerar valor e fortalecer a economia local. Conquistar isso, como mulher, representou uma quebra de paradigmas.

Lições e recompensas do trabalho voluntário
Ao longo de todos esses anos como voluntária, seja na CDL e Associação Empresarial, no Núcleo da Mulher Empresária, no CEME ou na Federação das Associações Empresariais de Santa Catarina (FACISC), tive o privilégio de conviver e aprender com pessoas íntegras e comprometidas com os resultados.

Considero esse período como um curso de pós-graduação, onde pude participar a custo zero e exercer o conteúdo na prática. O associativismo exige que dediquemos uma boa parcela do nosso tempo e, em contrapartida, ganhamos um aprendizado que não seria possível se ficássemos apenas dentro de nossas empresas. Ao abraçar essa oportunidade tão valiosa, fazemos amigos, promovemos nosso autodesenvolvimento, erramos e aprendemos com diversas situações que se colocaram à nossa frente e, ao final, podemos afirmar que tudo vale a pena.

Quando assumi o cargo de presidente da CDL e Associação Empresarial para a gestão 2017/2019, eram poucas as mulheres nesse cargo dentro do Estado. A FACISC tinha apenas 14 presidentes mulheres em um universo de 146 associações. A FCDL, também: eram somente 15 presidentes para 203 CDLs. Hoje, apenas três anos depois, já percebemos que está havendo uma mudança neste cenário: a Facisc, com 148 entidades, conta com 24 mulheres presidentes, e, a FCDL, está com 51, das 208 CDLs, lideradas por elas. Considero isso um grande avanço. Se pensarmos que, em 50 anos de história, a CDL e Associação Empresarial de Maravilha teve apenas duas mulheres ocupando a presidência – minha mãe e, depois de 20 anos, eu – percebemos como ainda temos muitos espaços a serem ocupados na sociedade. Fico feliz em ter encerrado minha gestão e feito mais uma sucessora mulher – a terceira líder mulher em todos esses anos.

Analisando minha trajetória, afirmo que, ao entrar para o associativismo, encontrei dezenas de referências, homens e mulheres que me inspiraram a liderar e querer assumir cargos até então muito masculinos. Num primeiro momento, acredito que tive uma postura mais masculina para lidar com as situações (e isso se deve, também, ao que tive de exemplo dentro da minha empresa). Porém, com o passar do tempo, consegui deixar meu lado feminino entrar em cena e as coisas começaram a fluir ainda mais, pois eu estava vivendo minha essência. Entendo que, em nosso meio, ainda existe uma dependência de muitas mulheres em relação aos homens e a dificuldade encontrada por elas para assumirem, de fato, seu posicionamento. Por isso, vejo que precisamos nos fortalecer e nos apoiar, para que ambos tenham seu espaço e as relações sejam mais positivas e engrandecedoras – essa função, por sinal, o CEME desempenha muito bem.

Com as experiências nas entidades, me tornei uma pessoa muito mais flexível, compreendi os benefícios de um trabalho em equipe e a importância de ouvir o ponto de vista de outra pessoa. Enquanto Poliana, talvez uma das maiores lições tenha sido aprender a trabalhar de forma coletiva e entender que, quando planejamos e executamos ouvindo a opinião de todos, podemos agregar muito mais. Antes do associativismo, eu vivia de forma individualista. Depois, passei a ter mais empatia e compreendi que eu nunca perco – ou ganho ou aprendo –, e que cooperar é muito melhor do que competir.

Mudei a forma não só de pensar, mas de agir também. E, nesse meio, eu amadureci, me tornei um ser humano melhor e uma profissional mais completa, pois passei a entender as diferenças e o papel de cada um no todo. Não digo que o processo foi ou é fácil, mas segui com otimismo e determinação para superar os obstáculos, expandir o que antes era meu limite e dar saltos ainda maiores do que eu havia planejado.

Sentar e assistir sempre será mais fácil do que levantar e fazer. Eu aceitei esses desafios no associativismo porque tive exemplos e incentivo dentro de casa, e por isso escrevo esse texto hoje, para inspirar mais mulheres a trilharem esse mesmo caminho. Reforço minha mensagem às leitoras: sempre que forem convidados a participar da diretoria de uma entidade, exercer um cargo de liderança em seus núcleos ou até quando receberem uma nova proposta em suas empresas, aproveitem a oportunidade. Cada desafio aceito gera um crescimento ímpar e abre novas portas para seu desenvolvimento contínuo.

Gratidão pelas pessoas, inspirações e oportunidades

Além dos meus pais, atribuo às minhas colegas do Núcleo da Mulher Empresária de Maravilha, às diretoras do CEME e todas as mulheres que nesse movimento passaram por mim, a minha força. Elas, muito mais experientes que eu, me oportunizaram aprender muito mais pelo amor do que pela dor, e me tornaram mais forte, pois suas histórias de luta e seus exemplos me inspiraram e ainda inspiram. Agradeço por ter sido criada para ter um *mindset* de crescimento, ou seja, sempre confiei no esforço e na determinação, e me senti motivada para enfrentar os problemas e resolvê-los. De acordo com esse *mindset*, quanto mais desafiadas, mais as pessoas se desenvolvem.

Hoje compreendo com mais clareza o que isso quer dizer, inclusive um trecho do livro *Mindset – A Nova Psicologia do Sucesso*, de Carol Dweck, que diz: "de repente, percebemos que havia dois tipos de capacidade, e não apenas uma: uma capacidade fixa, que precisa ser provada, e outra mutável, capaz de desenvolver-se por meio do aprendizado". No mundo das características fixas, o sucesso consiste em provar que você é inteligente ou talentosa; afirmar-se. No mundo das qualidades mutáveis, a questão é abrir-se para aprender algo novo, desenvolver-se. É nisso que acredito. É dizer "sim" mesmo com medo, mesmo sem saber o que será.

Em minha concepção, Louis Pasteur estava corretíssimo quando afirmou que "o acaso só favorece a mente preparada". Essa ideia vai ao encontro de outro termo que eu considero em minha trajetória: serendipidade. Ou seja, as descobertas afortunadas que ocorrem "por acaso" em nossa vida. As coincidências podem parecer acidentais, mas, quando você busca algo, de alguma forma, você atrai isso para sua vida. É preciso estar aberto e ter olhos para reconhecer o que passaria despercebido para outras pessoas. Usando-me como exemplo, não me sentia preparada para assumir os cargos, assim como não me via preparada para ser mãe, mas me permiti aprender durante o trajeto e talvez seja essa a única maneira de fazermos as coisas de fato.

Para finalizar, reforço meu incentivo a outras mulheres, para que se sintam encorajadas a fazer sempre mais. Se você chegou até aqui, lembre-se: suas atitudes inspiram, sua determinação incentiva, sua coragem motiva e alguém te usa de exemplo. Continue firme no seu propósito!

Comecei o artigo falando sobre a personagem Pollyanna e encerro com um dos trechos que me tocou: "o instrumento que você vai tocar, Pollyanna, será o grande coração do mundo e, para mim, esse parece o mais maravilhoso de todos os instrumentos... Sob seu toque, se você for habilidosa, terá como resposta sorrisos ou lágrimas, como desejar". Enquanto empreendedora, líder e mãe de um menininho, quero construir uma história de autonomia com ele, assim como meus pais fizeram comigo. Que o Arthur José tenha coragem e atitude para se aventurar pelos emaranhados da vida, assim como eu me joguei nas aventuras da Pollyanna.

6

Parcerias que transformam: iniciativa privada e escola pública – despertando a comunidade escolar para uma liderança multiplicadora

Despertar a liderança multiplicadora, contribuir com a formação intelectual e humana foi o caminho adotado em um projeto social no Paraná que despertou o associativismo, fomentou conhecimentos e promoveu processos produtivos a partir de práticas autossustentáveis.

Ruth Wendler Laroca

Ruth Wendler Laroca

Administradora graduada pela Universidade Estadual do Centro Oeste UNICENTRO (2014-2017). Certificada pela OHIO University College of Business – *Strategic Leadership* (2019). Tem MBA em Liderança Estratégica, Empreendedorismo e *Coaching* pela Faculdade Guairacá e Consultoria para Micro e Pequenas Empresas pelo CRA-PR e FIA/USP (2019/2020). É certificada pela Sociedade Latino Americana de *Coaching* (SLAC) – *Professional Coach Certification* (2019). Atua na área financeira há duas décadas. Atualmente, é gestora de uma empresa rural produtora/beneficiadora de batatas e idealizadora parceira do Projeto Social Empresa x Escola, no distrito de Palmeirinha, na cidade de Guarapuava/PR. Uma sonhadora nata, entusiasmada pela vida, pela família, pelos amigos, pelo trabalho e por tudo que a rodeia. Procura despertar nas pessoas o verdadeiro sentido de existir e a busca constante pela Unidade de todos.

Contatos
ruthwlaroca@gmail.com
Facebook: ruth.wendlerlaroca
Instagram: @ruthwendlerlaroca
(42) 98866-0266

Breve relato de minha jornada

Lembro-me de minha infância com muito carinho lá na Vila das Olarias, uma época doce que ficou guardada em minha memória. Venho de uma família humilde e sem muitos recursos financeiros, mas com muitos valores. Lembro-me de meu pai Alvino, *in memorian*, com seu caminhão carregado de tijolos, minha mãe Rozires em casa fazendo uma fornada de pão para os filhos. Sou a quarta filha de cinco irmãos: Rosângela, Rosimeri, Junior, eu e Rogério; nós sempre fomos muito unidos e assim segue até hoje.

Os caminhos da vida foram seguindo e encontrei meu esposo Sandro; juntos tivemos duas princesas: Mariana e Sophia Vitória; tenho muito orgulho em tê-los! Sempre fui muito agradecida por tudo, meus pensamentos sempre estiveram conectados com o Celestial, e penso que essa é a única forma de seguirmos em frente, pois não sabemos o dia de amanhã e a morte é a única certeza.

Sempre convivi com pessoas inspiradoras, fortes e guerreiras, cada uma com sua riqueza. Aprendi, com o passar do tempo, que precisamos filtrar e tentar encontrar sempre o equilíbrio, qualquer que seja a situação. Os caminhos percorridos sempre foram pautados em valores e princípios, e eu tinha em mente querer fazer algo que pudesse contribuir e despertar as pessoas para uma reflexão por meio de gestos simples, mas que fizessem a diferença, por mais sutil que fosse. Penso que precisamos estar atentos aos sinais da vida e procurar aprender sempre com todas as lições com as quais nos deparamos, e, a partir disso, realizar o compartilhamento desses ensinamentos, para assim, validarmos efetivamente a mensagem que queremos entregar.

Início da minha trajetória profissional

Aos doze anos, comecei a trabalhar em um mercadinho perto de minha casa onde trabalhava de manhã e estudava à tarde. Aos quinze anos, iniciei minhas atividades em ambientes organizacionais, passando pelas funções de auxiliar de escritório, de contabilidade e do setor financeiro. Desde 2004, trabalho em empresas rurais na área de finanças, as quais possuem uma dinâmica totalmente diferente das empresas com as quais eu estava habituada. Na grande maioria temos o produtor rural, uma equipe de campo, outra de barracão e nem sempre um escritório, departamentos e funções bem definidas, salvo em empresas mais estruturadas, o que não é o caso específico.

Dentro desse ambiente me estabeleci, e em 2011 tive a oportunidade de iniciar minhas atividades na empresa rural de Rene Martins Bandeira Filho. Foi realmente um convite para sair da zona de conforto, pois vinha de uma licença maternidade, minha caçula tinha cinco meses e o trabalho na ocasião seria em um Distrito da cidade de Guarapuava; senti-me desafiada, portanto, e resolvi aceitar o convite. Teria muito trabalho a ser feito, quando lembro até me emociono, pois me deparei com uma casinha de madeira, assoalho com frestas que dava pra ver o chão; quando chovia a gente corria colocar baldes e panos para tentar conter a "aguarada", enfim, encontrei-me em um ambiente totalmente adverso.

Na ocasião, era eu no escritório, o proprietário que ficava mais nas lavouras, o pessoal do campo, os motoristas, e havia uma funcionária que ajudava como serviços gerais. Com o decorrer dos dias, fui me estabelecendo e percebendo o potencial que as pessoas tinham; com isso, fui ensinando as rotinas, fomos inserindo processos, um sistema gerencial de informação foi instalado, uma vez que as rotinas administrativas eram todas em Excel, e o volume de trabalho já não suportava. Em 2013, uma nova unidade foi instalada: a Beneficiadora de Batatas; em 2015, outras unidades: a Balança Rodoviária e as Câmaras Frias.

Deparei-me com muitos processos acontecendo e até então minha experiência era somente na prática, não tinha nenhuma formação acadêmica; havia cursado dois anos de economia. Então em 2014, iniciei os estudos na Universidade Estadual do Centro Oeste (Unicentro). Na verdade, sempre sonhava em me formar, mas no fundo não sabia ao certo qual curso escolher; o tempo foi passando, casei-me, tive minhas filhas e estava exercendo um cargo de gestão e de confiança, mas sentia que faltava algo. Percebi que gostava muito de organizar, planejar, dirigir e controlar, portanto, administração já fazia parte de minha vida há um longo tempo. Em 2017 me formei: administradora de formação e de coração, e desde então procuro sempre aprender um pouco mais, sabendo que as maiores lições aprendemos dia a dia, com as pessoas ao nosso redor.

Harmonia de pensamentos
Sempre tive alguns pilares essenciais em minha vida, o primeiro e que serve de sustentação para os demais é o sentimento elevado ao Celestial; certamente minha fé em Deus sempre foi o ponto mais importante de minha vida. Essa ideia está presente também na empresa onde atuo; os pilares são muito parecidos e atribuo a isso essa troca mútua que existe entre mim e a empresa Bandeira Batatas.

Partindo dessa união e em conversas com o proprietário Rene, surgiu a ideia de realizarmos alguma ação na comunidade que pudesse contribuir de alguma forma para o desenvolvimento humano. No início, não sabíamos ao certo qual seria essa ação; pensamos, num primeiro momento, em criar um sistema mais voltado para a parte técnica, onde a comunidade pudesse aprender um pouco mais sobre o processo produtivo da empresa ou algo nesse sentido, mas pela experiência com os colaboradores que são aqui da comunidade, percebemos que seria importante iniciar o projeto com algo voltado principalmente às questões de valores, princípios e virtudes.

Fomos amadurecendo a ideia e com isso também iniciamos uma conversa com os líderes da Escola Estadual do Campo de Palmeirinha, pois a escola seria um ponto de partida para iniciarmos o projeto. Um dos eixos básicos dessa ação, portanto, seria voltado para a formação das pessoas, na sua interação com os demais, enfatizando o que a coletividade pode nos trazer de melhor.

Projeto social: combate à evasão escolar

Tivemos muitas conversas com o pessoal da escola, com o Sr. Altevir Ramalho Vilhas (diretor), o Sr. Pedro D. Trincaus (professor), a Sra. Jocilaine Salete Gniech (vice-diretora) e a Sra. Cristina Gralak (pedagoga), a fim de definir qual seria a melhor ação que poderíamos executar. O fator mais relevante para aquele momento da comunidade seria combater de alguma forma a grande evasão escolar. Essa redução, além de tentar despertar nos alunos, assim como em todos os envolvidos, o sentimento de pertencimento tanto ao ensino quanto à comunidade, seria um desafio.

Os pontos a serem trabalhados foram propostos da seguinte forma: a) contribuir para a formação intelectual, humana e de valores para os alunos, incitando-os ao autoconhecimento; b) fomentar conhecimentos sobre processos produtivos locais; c) demonstrar práticas autossustentáveis; d) despertar o entendimento sobre as variadas profissões possíveis para a realidade local. Todos os processos a serem trabalhados com os alunos foram discutidos, pontuados e validados entre a empresa e a escola.

Projeto social: parceria empresa privada x escola pública

Inicialmente o programa visou atingir os alunos dos nonos anos da escola, adolescentes na faixa etária de 14 a 16 anos. Mais ainda, atingir os pais, professores, colaboradores, enfim, o maior número de pessoas possível, as quais pudessem, não apenas vislumbrar um mundo diferente, mas fazer parte daquela mudança. Do ponto de vista econômico, pensamos em despertar a todos condições dignas possíveis de serem alcançadas, pois quando se traça um objetivo certo com metas e propósitos bem definidos a estrada se torna mais fácil de ser percorrida.

Nesse projeto, os alunos puderam participar de todos os processos produtivos da empresa, desde a produção até o beneficiamento de batatas, acompanhando todas as etapas, passo a passo na escola e também com visitas na empresa. Para isso foram instaladas três estufas na escola, as quais denominamos como Fazendas: 9º A, 9º B e 9º C. Com isso, todos os alunos, em horários intercalados de aulas de ciências e geografia, estudaram efetivamente e puderam perceber o conteúdo pedagógico na prática, elaboraram relatórios e colocaram literalmente a mão na massa, ou melhor, dizendo: mão na terra!

Na questão de sustentabilidade, demonstramos práticas para manter um ambiente saudável e salubre, com ações pequenas, mas que vêm fazendo toda a diferença, por exemplo: captação de água da chuva, coleta seletiva de materiais descartados e instalação de composteiras na escola para descarte e aproveitamento de lixos orgânicos. Elaboramos ações com cronogramas para reduzir a evasão escolar, cujo objetivo principal era diminuir ao menos 1% da realidade existente. Para isso, foram realizadas palestras em formas de conversas com os alunos, pais, professores e colaboradores da escola que fazem parte da comunidade local. Os assuntos eram pautados em valores, princípios, ética, questões como respeito, comprometimento, cooperação, entre outros. Tivemos questionários respondidos para entendermos melhor a situação de cada um; fizemos visitas à escola e a escola veio até a empresa.

Tivemos todo o processo produtivo da empresa colocado em estufas na escola, onde os alunos participaram desde o preparo do solo até a colheita da batata. Com o produto colhido, fizemos um almoço coletivo na escola, sabendo que o alimento havia sido produzido por eles mesmos. Realizamos uma viagem para Curitiba, mobilizamos parceiros comerciais da comunidade e também da cidade para conseguir os recursos necessários; os alunos conhecerem alguns pontos turísticos da capital, e, com certeza, essa viagem foi o ápice para alguns alunos que nunca haviam saído da sua localidade.

Abaixo demonstramos alguns resultados do ano de 2019 na Escola Estadual do Campo de Palmeirinha.

Resultados obtidos na escola:

Desistência 2017	Desistência 2018	Desistência 2019
7%	14%	3%

Demonstrativos IDEB Colégio Campo Palmeirinha:

2005	2007	2009	2011	2013	2015	2017	2019
3,1	3,7	3,6	3,3	4,1	4,3	3,9	5,4

Os dados acima foram obtidos com a direção da escola e certamente não podemos atribuir todo o resultado positivo como fruto exclusivo do projeto social, mas conforme depoimento da comunidade escolar: professores, direção, alunos e pais, a ação contribuiu de alguma forma e serviu de incentivo para alavancar os números positivos que foram constatados.

No primeiro quadro temos os percentuais de desistências da escola; em 2019 esse número teve uma significativa queda, o que nos deixa muito contentes. Já no segundo temos o demonstrativo de uma prova que os alunos são submetidos pela Secretaria de educação a cada dois anos, onde mais uma vez a evolução dos alunos refletiu nas notas; ainda mais se tratando de participação, uma vez que em anos anteriores a frequência era um fator de preocupação. No ano de 2019, a frequência dos alunos dos 9º anos foi de 98%, percentual este que, segundo informações da direção da escola, foi realmente surpreendente em comparação com anos anteriores. Isso mostra quão importante foi todo o trabalho realizado com os alunos; eles responderam com participação e esforço, tanto na frequência quanto nas notas.

O que aprendemos com essa ação social

Quando Kant, em sua obra Fundamentação da Metafísica dos Costumes, expõe que todos têm ferramentas poderosas nas mãos, capazes de transformar e revolucionar a realidade onde vivem, ele exemplifica usando a faca, cujo fator determinante não seria a ferramenta em si, mas quem a utiliza. Assim são nossas ações: ferramentas que podem gerar transformações tanto positivas quanto negativas, o que vai depender da boa Vontade que colocamos para isso. Portanto, esperamos utilizar ferramentas para contribuir para um desenvolvimento mais humano e justo desses jovens e adolescentes. Fundamentalmente, o associativismo pode ocorrer das mais variadas formas, com ações e atitudes basicamente geradas a partir de boa vontade e intenção genuinamente voltadas para o bem comum.

Que por meio dessas práticas não apenas o gestor, ou o líder estratégico e multiplicador se sintam motivados a tais ações, mas qualquer pessoa disposta a utilizar suas ferramentas do bem voltadas para o coletivo, colocando em prática projetos os mais variados possíveis, visando deixar uma semente de esperança, justiça e fraternidade, contribuindo assim para a construção de pessoas mais humanas. Nosso sentimento de associativismo entre empresa privada e escola pública nessa ação nos remete a um estado eudaimônico – aquela felicidade plena em seu sentido mais elevado.

O objetivo proposto de início era combater a evasão escolar dos 9º anos, e esse propósito gerou resultado positivo. Diante disso, o projeto continuará e o associativismo presente perdurará enquanto pessoas do bem estiverem dispostas a contribuir para uma realidade diferente, buscando a unidade comum de todos.

Referência

KANT, Immanuel. *Fundamentação da metafísica dos costumes.* Tradução Inês A. Lohbauer. – São Paulo: Martin Claret, 2018.

7

Liderança com propósito: uma trajetória de inspiração e coragem

Que este capítulo sirva de inspiração e encorajamento para você dizer "sim" às oportunidades desafiadoras e construir uma trajetória de aprendizado e crescimento. A força da união e a contribuição para o bem comum, além de promover o desenvolvimento pessoal, profissional e econômico, pode abrir caminhos para conquistas inimagináveis.

Vanilsa Pereira Silvano de Oliveira

Vanilsa Pereira Silvano de Oliveira

Administradora CRA/SC13540 (UNISUL 2005). Formação em *Coaching* (UNESC 2008). Especialista em Consultoria (UNISUL 2009). Delegada do Conselho Regional de Administração-CRA/SC (2009-2015). *Executive, Business, Leadership* e *Team Coaching* – SBC, licenciado Internacional Coaching Community (2010). *Master Coaching* pela Center For Advanced Coaching – CAC (2012). *Neurocoaching* – IBC, licenciado Global Coaching Community – GCM (2013). Docente dos cursos de Administração UNESC (2012-2014). Cofundadora do Núcleo da Mulher Empresária da Assoc. Com. Ind. Vale Araranguá – ACIVA (2013). Vice-presidente do Conselho Estadual da Mulher Empresária – CEME (2016-2021). Autora do *Treinamento 90 Dias no Foco*, ministrado no Brasil e nos Estados Unidos. Coorganizadora da *1ª Brazilian Women's Conference* em Boston (2018). Coautora *Geração Empreendedora* da FACISC (2017). Cursou *Leadership and Influence Program* – Babson College (2019). Recebeu prêmio Internacional *Notable Brazilian Awards* em Nova York (2019).

Contatos

vanilsaoliveira.com
contato@vanilsaoliveira.com
(48) 99985-2349

Coragem e ousadia são palavras que definem minha trajetória da infância até a vida adulta. Nasci numa grande família, somos em oito irmãos, filhos de agricultores, de uma época em que se valorizava muito o filho homem para ajudar o pai na roça. Mas lá em casa o tão esperado filho nasceu depois de quatro mulheres. Após quatro anos do nascimento dele, eu nasci na sexta posição. Depois de mim, vieram mais um menino e uma menina.

Certa vez, ouvi de um terapeuta que o fato de eu ter nascido entre dois homens, fez com que eu desenvolvesse algumas características fortes como coragem, ousadia e determinação. Depois de muita busca pelo autoconhecimento, compreendi que os fatores hereditários são parte da construção de minha personalidade que é formada por valores e princípios que hoje norteiam minha missão de vida.

Na infância, brincar de lojinha sempre foi mais interessante do que brincar de casinha e boneca. Minhas lembranças são a partir dos cinco anos de idade, quando já morávamos na cidade, depois que nossos pais deixaram de empreender no campo para empreender na cidade. Aos seis anos, eu já vendia aviamentos com a supervisão de meus pais. Nossa educação foi orientada para o trabalho com responsabilidade, e trabalhar sempre é muito prazeroso.

Como disse, acredito que a liderança e a capacidade administrativa são heranças da família de meu pai. Além de um grande líder na família, ele foi muito ativo em várias frentes na comunidade e na igreja. Ele sempre dizia: "A vida nos dá tantas coisas boas, não custa nada doar um pouquinho do nosso tempo para contribuir, fazer a nossa parte." Desde a infância, eu sempre o acompanhei e jamais me esqueço de suas lições de altruísmo.

Ele sempre foi muito requisitado naturalmente para cargos de liderança. Às vezes me vejo trilhando este mesmo caminho com experiências muito semelhantes às dele. Desde o quarto ano do ensino básico, sempre fui indicada para líder de classe, quando não aceitava ser líder, acabava sendo vice-líder. Ao longo dos anos me perguntava "por que eu? O que eu tenho de diferente?" Às vezes chegava gerar incômodo. Isso porque o exercício da liderança, além da alta responsabilidade, atrai a energia da inveja e da especulação. Exercer a liderança requer muita paixão e comprometimento.

Jamais tive dúvidas sobre minha escolha profissional, sempre sonhei ser administradora. Porém, quando saí do ensino fundamental minha mãe sugeriu que eu fizesse magistério por ser "a melhor profissão para as mulheres, porque tem duas férias no ano". Para não a contrariar, disse que faria magistério se pudesse fazer o curso técnico em administração ao mesmo tempo. Minha proposta foi acatada com a condição de cursar magistério de manhã, administração à noite e à tarde trabalhar na loja. Aceitei o desafio, e acredito que foi nessa fase que eu estabeleci minha base tríplice de comando: *foco, ação e resultado.*

Em casa, o trabalho sempre foi prioridade acima os estudos. Aos 17 anos, num almoço de família, tomei coragem e disse ao meu pai que queria cursar Administração de Empresas na faculdade. Ele olhou bem nos meus olhos e disse: "o que tu vais administrar em Araranguá, guria? Tu não tá vendo o Fulano? (filho do vizinho). Fez faculdade e é administrador do quê?". Graças a Deus eu compreendi as razões dele. Reconheci que já estava sendo privilegiada com duas formações técnicas, enquanto minhas irmãs mais velhas nem tinham o ensino básico completo, e que o meu sonho era de responsabilidade minha, jamais dos meus pais, e que tudo tem seu tempo.

No ano seguinte tive grandes realizações. Fui pedida em casamento após quase quatro anos de namoro com o Quefler Oliveira. Para alegria de todos, tivemos o mês de dezembro mais festivo de todos os tempos. Dia 21 foi a formatura do magistério, com direito ao título de melhor aluna. Dia 28 foi a data da formatura do curso técnico em administração, que precisou ser antecipada em um dia porque meu casamento foi no dia 29 de dezembro de 1990.

A realização do sonho

Sempre fui temente a Deus e confiei meus sonhos a Ele. Logo que nos casamos, meu marido disse que juntos realizaríamos meu sonho profissional. Mas antes tivemos nossos filhos, a Juliane e o Maurício. Consolidamos nossos primeiros negócios no segmento de varejo e tecnologia e, após dez anos, chegou a hora de investir no meu sonho.

Cheia de entusiasmo, fui contar para minha mãe sobre a decisão de retomar os estudos, e mais uma vez ela me surpreendeu dizendo que eu não precisava estudar mais, que já tinha empresa e que deveria cuidar dos meus filhos. E novamente a sabedoria divina agiu em mim e compreendi que as palavras dela, assim como as do meu pai, eram de proteção. Para eles, estudar traria sacrifícios desnecessários. Fiquei momentaneamente decepcionada, mas sabia de minha responsabilidade e que o apoio necessário naquele momento era o do meu marido.

Lembro que no pré-vestibular quase desisti de ser administradora. Senti-me uma semianalfabeta diante daqueles jovens. Um dia voltei para casa arrasada, decidida a esquecer do sonho. Nessa hora o Quefler, que carinhosamente chamo de "marido anjo", não me deixou desistir.

Foi uma surpresa quando vimos meu nome na lista de aprovados, graças ao incentivo dele. Naquele momento a herança de liderança de meu pai se restabeleceu em mim. E depois de muitas buscas e inúmeros desafios, aceitei com honra este legado. Findos os estudos, novas posições de lideranças surgiram e em diferentes frentes.

Voluntariado – uma paixão

Para a Psicologia, a formação da nossa personalidade advém dos aprendizados desde a infância. Eu sempre admirei muito o posicionamento dos meus pais pelo comprometimento de entrega e doação. Talvez seja por conta desta influência que tenho tanta disposição em contribuir com os movimentos e organizações aonde sou chamada. As primeiras experiências foram em movimentos pastorais da igreja, que mantenho com muito carinho até hoje, de acordo com a minha disponibilidade.

A segunda experiência foi com o Conselho Regional de Administração de Santa Catarina – CRA/SC, onde atuei por seis anos como delegada na macrorregião sul.

Foi um serviço voluntário que trouxe e ainda traz muito resultado para minha carreira e experiência de vida. Assim como o envolvimento com as universidades, que me possibilitou promover a valorização da nossa profissão. Embora eu não esteja mais como delegada do CRA/SC, muitas pessoas ainda me procuram buscando orientações sobre o registro profissional, bem como para discutir questões profissionais.

Sempre atendo a todos com o mesmo respeito e carinho, porque entendo que todo profissional deve honrar e respeitar sua profissão, mesmo que esta não seja a profissão que sonhou exercer. E quando temos o privilégio de viver esta conquista, o mínimo que devemos fazer é retribuir com respeito e valorização. No meu caso, tenho o prazer em doar tempo e serviço, porque sei o valor que o voluntariado representa em minha vida.

Eu entendo que o ato de servir deve vir do coração, livre de recompensas. E acredito que todas as pessoas podem fazer sua parte por uma sociedade melhor, seja por meio do voluntariado, seja por reconhecer e respeitar os que fazem sem jamais denegrir a comunidade, o estado, o país, os serviços e até mesmo a profissão que lhe dá condição de sustento.

Por muitas vezes ouvi argumentações sobre a falta de benefícios em nossa profissão. Nessas ocasiões, pergunto o que a pessoa tem feito para que melhorias aconteçam, pois desejo sem ação, dificilmente será realizado! A vida é feita de desafios e nem tudo é perfeito, mas se você não pode contribuir para melhorar, reconheça o esforço dos que têm vontade e disposição para fazer acontecer. Muitas pessoas evitam participar por ter que enfrentar críticas, julgamentos, mentiras e acusações de pessoas que apenas exigem e nada fazem. Depois de muitos enfrentamentos e decepções, aprendi a transmutar estas indisposições, e se até Jesus, que foi o maior líder da humanidade, jamais desistiu, entendo que devemos seguir firmes em nossos propósitos!

A experiência no associativismo

Certa vez eu disse "não" a uma grande oportunidade, sem saber que na verdade era um "chamado". Em 2013, recebi um telefonema do Adm. Alceu Pacheco me convidando para compor a nova diretoria da ACIVA - Associação Empresarial de Araranguá. Nessa época, além de gerir os negócios da família, eu também atuava como *coach* executiva, professora universitária, e ainda era delegada do CRA/SC na macrorregião sul. Agradeci, expliquei que gostaria de contribuir, mas que não tinha tempo para aquele compromisso. Ele insistiu em não me preocupar com o tempo, e sim com o apoio que eu poderia dar. Quando estava dizendo que contribuiria sem precisar ter um cargo, a ligação caiu e não conseguimos mais restabelecê-la.

Passaram-se uns dias e fui surpreendia ao ver o meu nome na nova diretoria, com a responsabilidade de fundar o Núcleo da Mulher Empresária de Araranguá. Entendi então que era um chamado. Nessas horas, a responsabilidade fala mais alto e tudo se resolve.

Meu primeiro desafio foi saber com quem eu poderia contar para me ajudar nesse chamado, pois dediquei pouco de minha vida para o meio social da cidade. Foi então que lembrei da amiga empresária Ivete Rodrigues, muito bem relacionada socialmente. Com ela e a executiva da associação, listamos outros nomes, organizamos a primeira reunião, e logo idealizamos nosso primeiro evento. Tudo com o importantíssimo apoio do Núcleo de Mulheres da ACIC - Associação Empresarial de Criciúma.

O segundo desafio foi expor ideias inovadoras a uma organização masculina e conservadora. Estávamos cheias de planos e entusiasmo, dispostas a fazer acontecer. E foram tantos "nãos" que quase desistimos. Nosso movimento claramente incomodava, mas fomos conquistando a confiança, sempre integrando nossas ações ao Núcleo do Jovem Empresário. Naturalmente nossos resultados surgiram e agregaram ainda mais valor à Associação.

Em 2014, o Núcleo da Mulher Empresária de Araranguá já estava regulamentado e surgiu o convite para integrar a diretoria do CEME – Conselho Estadual da Mulher Empresária de Santa Catarina. Podíamos indicar duas nucleadas, na época apenas eu decidi encarar o desafio, mesmo sem saber direito do que se tratava. Mais uma vez fui surpreendida por uma grandiosa oportunidade de aprendizado e crescimento.

Foi na diretoria do CEME que eu reconheci o real propósito do Associativismo. Passaram-se dois anos e na diretoria seguinte já estávamos em três diretoras representando a ACIVA Araranguá.

Nesses sete anos de atuação voluntária no Associativismo, temos vivenciado experiências de valor inestimável. São aprendizados para a vida que jamais encontraremos em uma graduação, mestrado ou doutorado. Sem contar o *networking* fantástico no âmbito estadual, nacional e internacional. Atualmente estou como Vice-Presidente do CEME e diretora da ACIVA Araranguá.

O encontro da minha missão

O desejo de colaborar e servir sempre esteve muito presente na minha essência, e com o desenvolvimento do autoconhecimento, encontrei respostas que deram clareza sobre minha missão de vida, a razão do meu existir. Descobri que minha missão é "Contribuir para que as pessoas e as organizações sejam ainda mais prósperas e felizes". Logo os resultados evidenciaram o meu propósito que é "Revelar Talentos e Prosperar Negócios".

Desde então, sou surpreendida pela vida com novas oportunidades de total congruência com minha missão e propósito, sempre preservando meus valores governantes que são a "Fé, Família e Comprometimento".

Sinceramente, a revelação de minha própria identidade é a maior conquista de minha trajetória profissional. Porque além de sentir que estou no caminho certo, tenho uma base sólida para a tomada de decisões mais assertivas, evidenciadas no alcance de conquistas no âmbito nacional e internacional.

Infelizmente, muitas pessoas passam pela vida sem reconhecer ou revelar sua verdadeira essência. Por isso, é tão importante investir no autoconhecimento, que deveria ser estimulado desde a infância. Com certeza teríamos menos pessoas frustradas e insatisfeitas com a própria vida.

Depois que compreendemos que o sucesso e a autorrealização advêm de nossas decisões e ações, percebemos que o universo se abre a nosso favor. E a boa notícia é que os recursos de que precisamos estão todos à nossa disposição, basta querer e acessar!

Invista em você e surpreenda-se com os resultados inimagináveis.

Porque você pode, você merece, você é capaz!

Confie seus sonhos a Deus e conte com meu apoio amigo!

EMPREENDEDORISMO

8

Escolhas conscientes e trajetórias profissionais promissoras: possíveis correlações

Este artigo apresenta algumas situações onde o indivíduo é levado a fazer escolhas durante as diversas etapas de sua carreira profissional, desde seu início, desenvolvimento, encerramento e possível recomeço, traçando correlações entre escolhas conscientes e trajetórias profissionais promissoras.

Christine Liz Moeller

Christine Liz Moeller

Sou psicóloga e Mestre em Psicologia, ambos pela UFSC. Especialista em Psicologia Clínica pelo Conselho Regional de Psicologia, Especialista em Dinâmica dos Grupos pela Sociedade Brasileira de Dinâmica dos Grupos e Especialista em Recursos Humanos pelo Instituto Nacional de Pós-Graduação. Tenho Formação em Terapia Relacional Sistêmica pelo Núcleo de Psicologia de Curitiba. Possuo mais de 30 anos de experiência como psicóloga, tendo atuado em consultório particular com psicoterapia individual, de casais e famílias, orientação profissional e supervisão clínica. Assessorei diversos órgãos públicos, Conselhos Tutelares e Abrigos para crianças e adolescentes. Ministrei palestras em muitas escolas, universidades, empresas e instituições para públicos diversos. Fui perita judicial na área da família. Atuei como professora de graduação e pós-graduação na FURB e também no Instituto Catarinense. Sou coautora do livro *Desvendando Mitos: o uso de uma Leitura Evolutiva e Instrumental Mítica*.

Contatos
christinelizmoeller@gmail.com
Facebook: @christinelizmoeller
Instagram: @christinelizmoeller
(47) 99982-1219

E scolher sempre me instigou uma grande curiosidade... O que leva uma pessoa a optar por uma situação, objeto, pessoa e não outra? Por que escolher para alguns é mais fácil do que para outros? O que leva as pessoas a não escolherem, mesmo que o não escolher também é uma escolha?

Alinhada à essa curiosidade, minhas atividades como psicóloga clínica e professora universitária fizeram com que acompanhasse várias situações de profissionais que desenvolveram carreiras brilhantes, e, ao contrário, aqueles que não obtiveram esse grau de sucesso. O que diferencia uns dos outros?

Neste artigo, pretendo abordar momentos de impasse que requerem escolhas conscientes durante o transcorrer de uma trajetória profissional carregada de êxito.

Para tal, apresentarei os conceitos do que vem a ser uma escolha consciente e uma trajetória profissional promissora, passando a elencar as fases de escolha da profissão, obstáculos no desenvolvimento da carreira, encerramento da atividade profissional e a possibilidade de início de uma nova atuação, com o enfoque no universo feminino.

Boa jornada!

Escolha

Escolher é manifestar inclinação sobre algo, eleger, preferir, selecionar entre uma ou mais opções, deixando-se as demais para trás.

Escolhemos o tempo todo mesmo não nos dando conta disso. O que comer, o que vestir, como agir diante de determinado fato.

Ao escolhermos uma profissão, estamos definindo o modo de como gostaríamos de deixar nossa marca no mundo; a forma como iremos nos relacionar com o meio que nos cerca. É como que escolhêssemos uns óculos e passássemos a enxergar e sentir tudo ao redor a partir de suas lentes.

Conceituo a escolha profissional consciente como o conjunto de sentimentos e pensamentos que levam o sujeito, além de gostar do que faz, a analisar as consequências de seu comportamento de escolha, responsabilizando-se por tal decisão.

Trajetória profissional promissora

O mundo do trabalho é dinâmico; dinâmicas também são as carreiras profissionais. Em três gerações da minha família, o modo como foram e são administradas se alterou significativamente.

A trajetória profissional do meu pai sempre foi planejada e conduzida pela empresa multinacional que ele atuou durante toda sua vida.

A minha, segunda geração nesse comparativo, típica representante da população *baby boomer*, ingressou na universidade como uma das raras representantes com diploma universitário nessa faixa etária na família, tinha como meta alcançar uma profissão e segui-la até a aposentadoria, como que em um determinismo preestabelecido.

Meus filhos, terceira geração, tiveram e têm muito mais plasticidade em suas trajetórias profissionais, tendo inclusive a opção de não serem universitários e trilharem outras formas de atuação. Sua relação com o trabalho se mostra mais leve, onde eles é que possuem as rédeas de suas carreiras.

Uma trajetória profissional promissora é aquela em apresenta êxito, prosperidade, sucesso, realização, gosto pelo que se faz, sendo promissora e feliz.

Escolhendo a profissão

Quando escolhemos uma profissão, além da atuação a desempenhar, optamos por um estilo de vida, com quem iremos nos relacionar, que tipo de rotina estabelecer, quais desafios teremos pela frente.

A dificuldade do jovem ao escolher sua profissão no momento atual se acentua pelo grande número de opções que se descortinam à sua frente. Essas vão desde novos cursos universitários, universidades, cursos técnicos e de atualização, viagens, permanência no exterior etc.

Outra situação contemporânea mostra a importância da informação para uma escolha consciente. Quanto mais dados sobre cada um dos itens a ser escolhido, vivenciado, observado, experimentado, maior será a lucidez do jovem para tomar sua decisão quanto ao seu futuro profissional.

Ingressando no mundo do trabalho

Costumo dizer que o jovem universitário já pode dar o pontapé inicial para seu ingresso no mundo do trabalho ainda durante seus estudos.

O tema elencado para seu trabalho de conclusão de curso (TCC) pode ser aquele levado a pesquisas científicas posteriores, sendo mantido também nas Dissertação de Mestrado e Tese de Doutorado. Escolher com parcimônia seu orientador de TCC e supervisor de estágio podem lhe proporcionar seus primeiros modelos profissionais positivos.

A escolha do local de estágio e o tipo de tarefas a serem desempenhadas podem levar o jovem à uma efetivação após o término do contrato.

Quanto às jovens mães universitárias, algumas delas se veem diante de seu segundo impasse. Precisam optar por cursos ou propostas de trabalho onde consigam administrar seus compromissos profissionais com o papel de mãe. Talentosas, algumas vezes abrem mão de seu brilhantismo por não sentirem a contrapartida paterna no cuidado com os filhos, tal qual quando foi o momento de optarem por seus estudos, elegendo cursos onde a possibilidade de conciliação fosse possível, seu primeiro dilema em sua jornada.

Desenvolvendo a carreira

Assim como a vida transcorre e toma diferentes rumos, uma trajetória profissional envereda-se para diversos caminhos.

Cabe a nós sabermos cultivar esse trajeto, buscando os insumos para desenvolvê-lo.

A necessidade de atualização constante num mundo em transformação é uma premissa. Cursos, estágios, visitas técnicas, viagens a trabalho são algumas possibilidades, além do conhecimento de idiomas em um mundo globalizado.

Atualização dos fatos que nos cercam, leituras constantes, trocas com outros profissionais, equipes multiprofissionais são mais alguns.

Para o profissional autônomo jovem que ainda não possui grande experiência na área, mas quer ter seu próprio espaço, uma alternativa vem a ser mesclar sua jornada entre esse espaço de consultório ou escritório com uma atividade na mesma área em outra instituição geralmente pública por ter seu horário mais flexível. Ou ainda, dedicar-se por um período de tempo a atividades de docência até atingir o patamar de conhecimento e habilidades para lançar-se em carreira solo.

As jovens com filhos pequenos também podem lançar mão desse expediente, conciliando a carreira profissional e as tarefas maternas.

Aqui abro um parêntese para incluir um tema presente no dia a dia de muitas mães profissionais: a culpa por deixarem seus filhos ao saírem para o trabalho.

Fica a dúvida: quem cuidará dos filhos nesse período? Diversos arranjos foram possíveis quer na dinâmica familiar, onde outros membros da família assumem a tarefa do cuidar, a contratação de pessoas adequadas para tal fim, a adequação de creches e escolas, além de outros.

Após algumas décadas, o que se pode observar é que os filhos de mães que trabalham em locais externos ao lar, mostram-se autônomos, independentes e seguros. Essa constatação auxiliou as mães a minimizarem o sentimento negativo e paralisante da culpa.

Retomando o tema desenvolvimento de carreira, durante o transcorrer dos anos profissionais, muitas escolhas são observadas.

É momento de mudar o horário de trabalho, de assumir uma posição de liderança e passar a ter liderados, aceitar uma bolsa de estudos no exterior e dar uma pausa na carreira e até, cada vez mais constante, o mudar de empresa.

Um dos membros do casal pode passar por outro dilema: ter que abrir mão de sua colocação para acompanhar o companheiro ou companheira em sua nova trajetória profissional. Muitas vezes a decisão recai sobre as mulheres, já que ainda observamos distorções em seus rendimentos pelo simples fato de serem mulheres.

O momento de parar

A aposentadoria foi encarada por alguns como o momento onde se iria fazer tudo o que não foi possível nos anos de trabalho, poder viajar, poder descansar, poder ser feliz etc. Como se existisse uma ruptura entre os anos produtivos e os futuros, vistos como não produtivos.

Os tempos são outros. Enquanto o término da jornada profissional há tempos era condicionado pelo empregador ou pela lei, hoje ela pode ser programada, escolhida e transcorrer num processo.

Ao se aposentar, não deixamos só nossas até então atividades profissionais. Deixamos uma rotina de horários, encontrar pessoas do nosso convívio profissional, vestir determinada roupa, reuniões sociais vinculadas ao cargo desempenhado etc. Para alguns, isso pode significar perda de *status* e poder.

Acompanhei alguns processos de aposentadoria. Em todos, o que pude observar era a grande capacidade de trabalho dos profissionais e a preocupação que esse momento se tornasse gradual e não um corte brusco em sua rotina. E também a possibilidade de continuarem sendo produtivos, realizados e felizes, só que com uma flexibilidade maior enquanto realizando outras atividades.

Algumas mulheres que fizeram essa transição resgataram gostos e interesses de antigamente que, pelo fato de casarem, terem filhos, trabalharem arduamente ou outras situações, os deixaram de lado. Ou relembraram sonhos que nunca se realizaram e que agora podem ser concretizados.

O artesanato em madeira, a pintura em tela, os trabalhos manuais como bordado, tricô e crochê, as aulas de canto e dança, são alguns desses novos engajamentos. Forma-se uma nova rotina, novas amizades, novos ritmos do dia a dia.

Assim, a transição para a nova realidade se dá de modo harmônico sendo efetuado por meio de escolhas conscientes.

Recomeçar... por que não?

O ritmo mais leve e o resgate de antigos *hobbies* podem ser alguns dos caminhos a seguir nesse momento.

Mas seria o único possível?

O que fazer com a bagagem profissional adquirida em todos esses anos que pode ainda estar à disposição dos demais continuando a gerar dividendos para quem a possui?

Com a maior expectativa de vida da população, o ficar em casa após aposentar-se pode se mostrar demasiadamente longo em termos de tempo. A retomada da carreira profissional como consultor, escritor, dono do seu próprio negócio, são algumas opções para contabilizar os conhecimentos adquiridos.

Observa-se que as profissionais que optaram por esse caminho conseguiram preservar sua saúde física e emocional, transformando o papel de avó e mostrando outras possibilidades de exercer tal função.

Finalizando

Nesse passeio pelos momentos da carreira de um profissional, observamos os diversos impasses que lhes são apresentados, exemplificando-os com situações do universo feminino. Possivelmente muitos outros existem e ainda virão a existir.

Em cada um deles, foi exigida uma escolha, uma eleição, uma predileção para um sentido ou outro.

Quanto maior o grau de consciência e responsabilização por essas escolhas, maior a possibilidade de se ter uma trajetória profissional promissora, com gosto pelo que se faz, sucesso, reconhecimento e felicidade, já que em última instância, ser feliz é tudo que almejamos.

Dicas para os pais ensinarem seus filhos a escolher

Durante minha atuação como psicóloga, me deparei com crianças e jovens brilhantes. Educados, responsáveis, éticos, com noção clara do seu limite e dos demais, futuros cidadãos de bem.

O contrário também foi verdadeiro. Alienação, apatia, inconsistência e uma grande dificuldade em decidir.

Pais, podemos (e devemos) ensinar nossos filhos a escolher. Desde a infância.

Como podemos fazer isso?

Cada escolha é feita em meio a determinadas situações.

Num dia de frio, uma criança de três, quatro anos não pode escolher não usar um agasalho. Mas pode-se dar duas opções de casacos para ela vestir naquele dia.

A partir do crescimento da criança, mais opções lhe são repassadas: o que poderá escolher para comer, que presente dar ao amigo, que cor quer pintar seu quarto etc, lembrando-lhes sempre das condições para cada escolha, seja escolher nas opções de cardápio saudável, o presente do amigo ficar dentro de um determinado valor financeiro, as tintas serem de determinada característica para fazer frente aos demais cômodos da casa etc.

Com os filhos adolescentes essas condições são mais flexíveis e a negociação é a palavra-chave. Você pode lhes deixar claro o que é inegociável, ou seja, os itens que você não abre mão e que devem ser mantidos. No momento da escolha profissional, exponha sua opinião abertamente ao seu filho. Ouvi de muitos jovens que gostariam de ter recebido esse tipo de auxílio de seus pais que não o fizeram por temerem influenciar sua decisão. Pais, lembrem-se que essa influência acontece mesmo que vocês não queiram. E se assim for, poderá ser elucidada com uma boa conversa, cabendo ao jovem escolher se quer seguir os indicativos de seus pais ou não. Se assim o fizer, o fará de modo mais consciente.

A partir do momento que você oferece opções e condições aos seus filhos, não retruque. A escolha é deles. E a responsabilização por essa escolha também. Dessa maneira, nossos filhos poderão ser cada vez mais conscientes daquilo que fazem.

9

Atitude e coragem: o despertar da minha jornada empreendedora

Eu sempre desejei usar um jaleco branco, escrever no quadro igual a minha professora do primário, entrar em um avião e conhecer o mundo. Por isso, neste artigo compartilho com você um pouco da minha trajetória e explico como o empreendedorismo transformou a minha vida.

Daiana Bergmann

Daiana Bergmann

Esteticista, empreendedora há mais de 11 anos na área da estética, proprietária do Centro de Estética Daiana Bergmann, professora, palestrante e *coach*. Graduada em Estética e Cosmetologia pela Uniasselvi (2013-2016). Especialista em micropigmentação de sobrancelhas, olhos e lábios pela S Academy, São Paulo/SP (2017). PMU Alchemist - Formação de Professores Método Haut - São Paulo/SP (2019). Especialização em reconstrução de mama - Caxias do Sul/RS (2019). Curso "Eu, Palestrante de Sucesso" - Cascavel/PR (2017). Formação em *coaching* - Instituto Invictus (2019). Tutora do curso superior de Estética e Imagem Pessoal - Uniasselvi (2018-2020). Ganhadora do Prêmio Internacional de Micropigmentação em Lábios pela S Academy - São Paulo/SP (2017). Artista Internacional em Micropigmentação S Academy - Tallin/Estônia (2019).

Contatos
www.daianabergmann.com.br
contato@daicentrodeestetica.com.br
Facebook: @daianaestetica.blumenau
Instagram: @daianaestetica
(47) 98856-7479

Você já parou para refletir sobre as pedras que aparecem no seu caminho? Como você as interpreta? Quando meu pai trabalhava no campo, eu o ajudava a retirar as pedras para que o arado pudesse passar. Hoje, percebo que todas aquelas pedras, na verdade, representavam a construção de uma fortaleza de oportunidades. Por isso, acredito que a minha paixão pela estética me acompanha desde a infância. Apesar de morarmos no sítio, eu observava a rotina de beleza da minha mãe e aquilo me fascinava. Posso afirmar que ela é uma grande inspiração, pois eu me imaginava maquiada, de salto alto e jaleco branco. Sim, com o jaleco branco de atendimento.

Também descobri que tinha aptidão para o empreendedorismo na infância, quando aprendi a fazer bordado, tricô e crochê para vender as peças. Alguns anos mais tarde, comecei a vender na escola as cocadas que minha irmã mais velha produzia, assim conseguia comprar minhas coisas. Aos 17 anos, comecei a trabalhar como *freelancer* em feiras e eventos, durante esse trabalho descobri a existência do curso de massoterapia e fiquei entusiasmada para me matricular.

Naquela época, morava no sítio com meus pais e mesmo fazendo trabalhos esporádicos em eventos dependia financeiramente deles. Lembro que foi um grande desafio conseguir o apoio e a permissão, bem como o suporte financeiro. Mas com a ajuda do meu pai e uma pequena reserva de dinheiro que eu tinha, consegui iniciar o curso na cidade vizinha. No primeiro dia de aula, me senti a pessoa mais importante do mundo.

O curso acontecia em um final de semana por mês, mas a minha dedicação era total. Lembro que me apaixonei pela anatomia humana, por isso estudei muito sobre isso. Logo, aprendi algumas manobras de massoterapia e aproveitei para aplicar as técnicas no meu pai que sofria de dores na coluna. A minha primeira maca de atendimento foi construída por ele, assim consegui começar a fazer os estágios. Nesse período, atendia pessoas de toda a região por um valor simbólico que ajudava a pagar a mensalidade do curso, bem como as despesas de deslocamento e atendimento.

Confesso que a primeira vez que vesti o jaleco branco durante as atividades na clínica de massoterapia me senti muito poderosa, pois desejei atuar naquela profissão. Lembro do orgulho que meu pai expressou quando me viu atendendo, ele disse que eu tinha que fazer cartões de visita e colocar anúncio na rádio para que as pessoas pudessem conhecer o meu trabalho. Quando estava finalizando o curso de massoterapia a minha vida mudou repentinamente. Em novembro de 2008, às vésperas do meu aniversário de 18 anos, eu perdi o meu pai. Essa perda doeu muito, precisei ser forte para apoiar a minha família e concluir o meu curso. Recordo-me que as palavras de apoio do meu pai soavam no meu ouvido. Ele sempre foi um homem forte, corajoso e sabia que naquele momento ele estava junto comigo.

Já em dezembro daquele ano, aconteceu a formatura do curso, foi um jantar com os colegas massoterapeutas para a entrega dos certificados. Foi um dia maravilhoso, pois representava o início de um novo ciclo na minha vida. Já em março do ano seguinte, consegui abrir a tão sonhada sala de massoterapia em Boqueirão do Leão (RS). Na época eu dividia meu tempo entre os atendimentos e cuidar do sítio com a minha mãe e os meus irmãos. Fazia os atendimentos de quarta a sábado, como minha sala ficava na cidade tinha que dormir na casa de uma amiga. Lembro que o espaço era simples, tinha uma maca, alguns lençóis e um pote de creme, mas a minha força de vontade para trabalhar era maior que tudo isto.

Seis meses depois, finalmente, consegui me mudar para uma sala maior e mais confortável, ela era tão ampla que montei um quarto para ficar nos dias de atendimento. Naquela época, já tinha conquistado uma boa quantidade de clientes, mas senti a necessidade de começar a atender também na cidade vizinha. Recordo-me que fiz muitas amizades e parcerias, inclusive comecei a dividir meu espaço com a minha prima que era esteticista. Com essa mudança senti que tinha chegado o momento de investir em novos cursos na área de massoterapia, assim conseguiria ampliar minha oferta de serviços. Também queria concretizar o meu sonho de cursar uma faculdade, ou seja, eu queria mais.

Em uma viagem a passeio para Blumenau (SC), conheci a Dona Maria, também gaúcha e massoterapeuta, uma pessoa incrível. Enquanto, estava na cidade aproveitei para fazer pesquisas de mercado e conhecer alguns centros de estética e massoterapia, naquele momento eu não tinha dúvidas, Blumenau tinha me escolhido. Então, Dona Maria gentilmente me propôs uma parceria e eu senti que era uma grande oportunidade. Eu voltei para casa e contei para minha mãe que tinha conseguido um trabalho em Blumenau. Ela com toda a doçura e proteção materna me disse que era uma loucura largar tudo que tinha conquistado para viver sozinha em um lugar diferente. Mas eu estava decidida a mudar totalmente a minha vida e recomeçar.

As palavras da minha mãe ficaram gravadas na minha mente, eu sabia que era uma loucura, mas estava determinada a tentar. Então, fiz uma proposta comercial para a minha prima e vendi as minhas coisas para ela. Foi difícil, mas eu sabia que a pior parte seria deixar a minha mãe. Em seguida, comuniquei aos meus clientes que ficaria por mais trinta dias atendendo e que minha prima assumiria o espaço e os atendimentos. Confesso que deixar a família, os amigos, a minha tão sonhada sala onde tudo começou e sair do Rio Grande do Sul para morar em um outro estado exigiu muita coragem.

No dia que saí de casa, minha mãe ficou na escada da frente chorando e eu aos prantos disse para ela orar e abençoar a minha escolha. Os primeiros quilômetros da viagem foram marcados pelo choro, medo, mas, também, por uma força que me movia. Lembrava dos olhos azuis do meu pai brilhando e dizendo que precisava fazer cartões de visita para as pessoas saberem quem eu era. Em maio de 2011, após longas horas de viagem cheguei em Blumenau. Estava meio anestesiada, cansada e com o rosto inchado de tanto chorar. Atravessei a via expressa, com a cabeça na janela do carro, igual nos filmes. Eu sabia que algo grandioso esperava por mim.

Assim que cheguei, já fui conversar com a Dona Maria sobre a agenda de atendimentos, bem como fui fazer a matrícula nos cursos de manicure e limpeza de pele. Empolgação era a palavra que definia aquele momento. Então, comecei a atender, a fazer os cursos e a me familiarizar com a cidade. Não conhecia praticamente ninguém, mas, felizmente, comunicação nunca foi um problema para mim. Logo no curso de manicure conheci a Ane, uma colega que passou a ser uma irmã de coração.

Como todo início requer paciência e persistência, comigo não foi diferente. Eu tinha três clientes fixas na massoterapia, um orçamento bem comprometido e mal sabia que a minha vida estava prestes a ser impactada por grandes mudanças novamente. Lembro que com menos de um mês em Blumenau, precisei me mudar, mas não tinha dinheiro para isso. Sempre falo que sou uma pessoa de sorte, mas, hoje, eu percebo que atraímos pessoas na mesma vibração que a nossa.

Eu conheci a Ivone, ela era minha cliente e prontamente me ofereceu a sua casa para ficar o tempo que fosse necessário. Eu, aos prantos, aceitei e me mudei no mesmo dia. Sinto até hoje, o cheiro do abacaxi com canela que ela tinha assado naquele dia, isso ficou guardado na minha mente. Era literalmente tudo novo para mim. Morei na casa dela por mais de quatro anos, a Ivone foi a pessoa que além de me dar um teto para morar, mudou a minha vida completamente. Ela se tornou minha família, uma mãe que o coração escolheu. Se hoje eu estou escrevendo este livro, ela com certeza foi a pessoa que mais me incentivou.

Oportunidade ou necessidade? Bom, me apeguei nas duas teorias. Vi na necessidade as oportunidades e segui em frente. Fiz parceria com salão de beleza, atendia em domicílio e junto com a Dona Maria. Também concluí os cursos que estava fazendo e participava de todos os *workshops* gratuitos que aconteciam na área da estética. Bem como procurei o Sebrae para fazer oficinas de vendas e aproveitei para me formalizar por meio do MEI.

Meses depois, eu já tinha uma sala dentro do salão e o que ganhava investia em bons produtos e equipamentos. Quem me conhece já ouviu a história do café. Todas as vezes que eu me permito tomar um café o cheiro me remete aos dias que desejei e não tinha condições de comprá-lo. Dois anos se passaram, eu já tinha uma boa carteira de clientes, havia adquirido novos equipamentos e consegui fazer uma pequena reserva financeira. Então, era o momento de investir na minha clínica.

Em outubro de 2013, abri minha tão sonhada clínica de estética em Blumenau. Um espaço simples, mas sempre me preocupei em entregar qualidade e riqueza nos detalhes. Seis meses depois, ingressei em um curso de nível superior. Como todo início, eu fazia tudo. Era aluna, administradora, financeiro, massoterapeuta, esteticista facial e corporal, depiladora e designer de sobrancelha. Com a demanda de serviços aumentando senti a necessidade de buscar uma parceria, nesse momento, apareceu outra Maria na minha vida, ela foi a primeira prestadora de serviço a integrar o meu espaço. Nossa sinergia deu tão certo que estamos juntas até hoje. Com esse crescimento precisei fazer a primeira reforma e ampliação, bem como adquiri novos equipamentos e contratei uma secretária.

Nesse período, comecei a ganhar destaque como designer de sobrancelhas e logo decidi investir em micropigmentação por incentivo de uma cliente, a Patrícia. Fiquei conhecida como a "Dai das sobrancelhas". A partir daquele momento, comecei a ser chamada para ministrar cursos, palestras e a minha carreira começou a decolar. Na reta final da faculdade, eu dedicava em média 15 horas do meu dia para o estágio, os atendimentos e os cursos que ministrava nos finais de semana, até que meu corpo não aguentou. Tive um problema digestivo bem delicado e fiquei hospitalizada por mais de uma semana. Naquele momento, virou uma chave dentro de mim. Sabe aquela expressão aprender pela dor? Então, foi um aprendizado e tanto.

A minha tão sonhada formatura estava próxima, minha clínica crescendo, meu nome ganhando reconhecimento e os desafios do crescimento batendo na minha porta. Precisei me reinventar. A gestão e o financeiro começaram a pedir socorro. Busquei pelo Sebrae novamente, pois precisava de uma consultoria de marketing e finanças, bem como a criação de uma nova marca. Também aproveitei para começar a estudar sobre a gestão do tempo e organizei a rotina para priorizar a minha saúde.

Naquele momento, minha carreira de micropigmentadora começou a ganhar destaque. Então, senti a necessidade de buscar por outros cursos de especialização e fiz a minha primeira formação internacional. Com ela consegui o meu primeiro prêmio em micropigmentação labial. Fiquei extasiada, pois esse prêmio foi um divisor de águas na minha profissão. Diante disso, senti que era o momento de focar nas sobrancelhas e na micropigmentação, bem como treinar a equipe para dar continuidade às atividades da estética.

Como instrutora de cursos e palestrante, busquei formação técnica para melhorar a minha comunicação e performance. Eu sempre amei a sala de aula, como acadêmica ou professora, pois acredito muito na transformação por meio do conhecimento. Alguns meses após a conclusão do meu curso, recebi uma indicação para ser professora no curso superior de estética e cosmética na faculdade onde eu estudei.

Em 2019, a minha carreira profissional estava evoluindo, então, era o momento de buscar por autoconhecimento. Decidi viver uma imersão, ou seja, uma experiência transformadora. Para tanto, fiz uma formação em *Coaching*, Programação Neurolinguística e entre outros treinamentos voltados ao desenvolvimento humano. Nesse treinamento, fiz o meu projeto de vida e aproveitei aquela folha para descrever alguns planos que eu queria realizar.

Então, nasceu o projeto de trabalho voluntário de reconstrução mamária para pacientes que passaram por mastectomia, o qual eu tenho muito orgulho. Como citei anteriormente, eu fiz minha primeira formação internacional em micropigmentação pela S Academy, uma renomada escola dessa área na Europa. Em setembro de 2019, aconteceu um importante evento da Academia em Tallin na Estônia e eu estava concorrendo ao selo de Artista. Tinha pouco menos de três meses para organizar a viagem e tudo o que envolvia esse evento. Era mais um sonho se concretizando. Eu e um grupo de colegas micropigmentadores embarcamos para a Estônia e nesse evento ganhei o reconhecimento como artista em micropigmentação. Me emociono até hoje ao lembrar desse momento.

Hoje, sou Artista Internacional da S Academy, esteticista, micropigmentadora, professora, palestrante, gestora e *coach*. Sim, essa é a minha formação acadêmica e profissional. Mas costumo dizer que eu sou a "Dai sonhadora". Alguém que acredita que o conhecimento é um recurso fantástico e que ganha ainda mais poder quando compartilhado.

10

Transforme sua equipe e ela transformará sua empresa

Um dia alguém me disse que "mais do que proprietária de uma empresa correspondente bancária, eu era uma gestora que desenvolvia pessoas dentro da FAMCRED e, por esta razão, minha equipe era diferenciada". Foi aí que eu entendi o verdadeiro impacto de minha liderança.

Fernanda Alves Monteiro

Fernanda Alves Monteiro

Graduada em Direito pela Faculdade Pitágoras (2012) e com formação em *Executive & Business Coaching, Professional & Self Coach, Life Coach, Leader Coach*, Analista Comportamental e *Coaching* em Vendas pelo IBC. Certificada em *Coaching* e Liderança pela Universidade de Ohio. É fundadora do Grupo FAM e CEO da empresa FAMCRED onde lidera uma equipe com mais de 50 pessoas. Especialista há mais de 12 anos em Gestão de equipes e pessoas descobriu que, além de priorizar resultados e metas, trabalhar o desenvolvimento humano nas suas organizações foi essencial. Esse é o grande segredo do sucesso da empresa que já foi premiada várias vezes em vendas e qualidade pelo seu Banco Parceiro. Filha, esposa, mãe de dois filhos, é uma mulher que acredita muito na força feminina e que o pensamento é o primeiro passo para qualquer idealização. Lugar de mulher é onde ela se sentir mais à vontade.

Contatos
Fernanda@famcred.com
Instagram: fealvesmonteiro
LinkedIn: Fernanda Monteiro
(37) 98825-9195

Prazer, meu nome é Fernanda Alves Monteiro e ao longo da leitura você vai entender o quanto o meu NOME é algo muito importante pra mim. Há 13 anos, eu tive dois empregos que foram primordiais para a minha trajetória empreendedora a qual compartilho com vocês.

O primeiro emprego de carteira assinada diz respeito a uma grande rede de farmácia, onde o trabalho era árduo e desafiador. Naquele sábado de carnaval de 2007, eu iria para o primeiro dia de trabalho e eu era uma pessoa muito feliz com todo aquele momento que estava vivenciando. Uma folga na semana que nem sempre era aos domingos e horários que não me permitiam ter uma rotina e talvez nem uma vida social fora da empresa. Uma pressão muito forte para atender os clientes com um sorriso no rosto e sempre com muita educação e gentileza. Não importava qual fosse o problema, ali dentro nos transformávamos em pessoas dispostas a ajudar sempre nossos clientes. Todos os dias, acordava com brilho nos olhos para ir trabalhar e me preocupava sempre em entregar algo muito importante: o melhor de mim.

Minha referência de liderança foram dois gerentes que me fizeram, tão nova, já apaixonar com o quão uma liderança humanizada era importante na vida dos colaboradores. Lembro-me até hoje o quanto a pressão de bater recordes de vendas diariamente e mensalmente eram importantes para toda equipe que ali trabalhava. Vibrávamos e comemorávamos com um bolo escrito "milhões de vendas" e um simples "parabéns" nos motivava a seguir na busca por novos desafios. O quanto aquilo nos fazia sentir pertencentes e reconhecidos. Tenho muito orgulho de como minha carreira começava a partir do exemplo daqueles dois gerentes.

O segundo emprego, já em 2008, não tinha entrevista e nem carteira assinada. Eu não iria trabalhar por CLT. Assumia ali uma empresa que até então minha irmã era sócia. Ela casou, precisou se mudar e eu assumi uma financeira já com nome pronto, equipe de vendas efetivadas, carteira de clientes sólidos e efetivos. Eu só precisava aprender de tudo e ensinar o pouco que eu sabia. Ser proprietária com 50% de uma empresa já com referência na cidade era, com certeza, a melhor coisa que poderia ter acontecido na época, depois de um trabalho o qual não me permitia nem ter almoços de domingo em família. O trabalho era flexível, conquistava ali minha independência de tempo, financeira e de gestão. Eu era a dona do meu tempo, quem tomava as decisões e, portanto, quem iria gerenciar a equipe que por sinal era muito boa e mais experientes do que eu.

Quem com 20 anos de idade já não sonha em trabalhar para si própria? Você sair de um salário de 400 e poucos reais mensais e, a partir de então, dividir pela metade todo o lucro da empresa e conseguir realmente pensar em uma carreira grande dali para frente. A farmácia tinha, sim, oportunidade de carreira, mas investir em serviços de saúde nunca foi meu objetivo. Agora toda a situação era diferente, eu tinha dinheiro para fazer uma faculdade particular e mais, tinha a real oportunidade de colocar em prática tudo que eu sempre sonhei em relação à gestão de pessoas.

Mas nem tudo são flores. Ao longo dos anos, percebi o quanto eu era uma pessoa triste, desanimada e desmotivada. Para quem trabalhava apenas de segunda a sexta, eu sempre torcia para o domingo não acabar. Nunca pensei que acordar na segunda de manhã fosse algo tão doloroso. E quantas vezes o final do expediente era um alívio para ir embora para casa? Como toda empresa pequena, ali fazíamos de tudo. Cuidávamos do financeiro, contábil, RH, vendas, resultados, fechamentos de planilhas, inclusões de sistemas etc. Sempre gostei de fazer parte disso tudo, mas queria ser parte também. Vi uma liderança totalmente diferente da qual eu tinha convivido e gostaria de ter como exemplo. Liderança autoritária, desumana, gananciosa e interesseira. Uma liderança que eu tinha medo e não ficava nem um pouco confortável para conversar e alinhar as estratégias da empresa.

Eu vivi por algum tempo totalmente contra todos os valores e princípios que tinha como referência nos profissionais dos meus pais e tinha aprendido com aqueles dois gerentes da farmácia. Foram quase quatro anos vivendo entre o sonho de toda pessoa em empreender versus o pesadelo de muitos com chefias autoritárias.

Eu agradeço esses dois grandes desafios que tive em cinco anos de carreira. A partir dali, há oito anos, em 2012, eu realmente decidi qual tipo de profissional eu queria construir para minha vida. E uma coisa eu tinha certeza: dá para trabalhar, ser liderado e feliz ao mesmo tempo. E foi com esse propósito que nasceu a FAMCRED. Minuciosamente o seu nome já foi escolhido com os traços do meu nome: FAM são as letras do meu nome e sobrenome (Fernanda Alves Monteiro). Meu nome sempre foi algo muito importante pra mim. Uma combinação perfeita para unir a dedicação, experiência, seriedade e comprometimento à marca. Eu precisava que minha empresa carregasse os mesmos valores e princípios que aprendi na minha vida pessoal e também na minha vida profissional até ali. Isso foi pensado para que, a partir do momento que me conhecessem, entendessem a missão e valor da empresa, pois a primeira impressão de alguém já começa no valor e importância que dá ao seu nome, imagem e reputação. Sabemos que o nome de uma empresa não é a escolha mais fácil e quantos nomes iguais ou parecidos existem por aí? Ao mesmo tempo, também sabemos o quanto o valor daquela marca é único e predominante para uma organização. E era isso que eu queria construir: uma empresa diferenciada e de valor.

Numa breve apresentação técnica, a FAMCRED é um correspondente bancário e prestamos serviços para vários bancos. Trabalhamos com vários produtos e a nossa função é ligar para o cliente, oferecer e efetivar vendas. Nosso principal produto é o credito consignado, dinheiro com taxas baixas, sem burocracia e descontado em folha. Nosso principal meio de venda é a ligação, afinal vendemos para todo o Brasil. Você vai me perguntar assim: Isso então é um *call center*? Até hoje respondo que não. E o principal motivo é que eu nunca quis ser atrelada com aquelas empresas que geralmente são criticadas quando se fala de gestão de pessoas. Onde todo mundo já pensa em vários "robôs" ligando insistentemente para o cliente com outro DDD, visando o contato rápido e fechamento do negócio apenas para alcance de resultados. Logo a primeira pergunta que fazem é: "você tem muita rotatividade? Afinal esse tipo de trabalho é desgastante, né? Os colaboradores não têm tempo nem de ir ao banheiro?"

Numa apresentação mais verdadeira e que geralmente causa mais desconfiança é: a FAMCRED é um correspondente bancário que presta serviços para os bancos. Ligamos para o cliente e queremos entender como o nosso serviço financeiro pode ajudá-lo, afinal o crédito consignado é sem burocracia, taxas baixas e de fácil acesso. Trabalhamos com clientes de todo o Brasil e sim, fazemos muitas ligações diariamente. Mas o nosso intuito principalmente é fazer nosso atendimento humanizado ao cliente. Não somos robôs, queremos que o cliente tenha uma experiência agradável com nosso atendimento. Afinal, precisamos que eles sintam confiança e segurança na nossa operação, pois recebem muitas outras ligações, então por que fechariam comigo? E não, não temos rotatividade alta, pois nossa equipe é tão importante quanto o nosso cliente e quanto o nome da nossa empresa.

A grande maioria das pessoas acredita que empreendedorismo diz respeito apenas a abrir uma empresa, conquistar mercado e gerar lucro. No entanto, empreender diz muito mais sobre a capacidade que você tem em realizar mudanças, até mesmo em empresas existentes, com suas habilidades e capacidades. Logo você pode empreender no seu trabalho. Assim, o que eu precisava era de uma equipe que fosse capaz de empreender dentro da Famcred, empreender dentro do trabalho que iriam desenvolver. E para ter essa equipe, descobri que precisava fazer uma transformação. A nossa equipe é a parte mais importante da FAMCRED. E ela precisa sentir pertencimento dentro da empresa para gerar essa capacidade de desenvolver seus pontos fortes ali dentro. Somente com uma equipe diferenciada eu poderia oferecer também um atendimento humanizado.

Como toda empresa iniciante, novamente eu estava à frente de todos os setores. Eu gerenciava, eu vendia, contratava, administrava e aos poucos fui conquistando os meus próprios colaboradores. Desafiei por muito tempo qualquer setor de RH e avaliações técnicas para contratação. A empatia, a energia e uma boa conversa foram primordiais para as minhas primeiras contratações. Eu acredito que não errei: afinal umas das minhas melhores contratações naquele início foi o líder da minha empresa, hoje gerente geral da FAMCRED e, claro, meu grande amigo. Ele logo percebeu qual era o intuito da empresa: formar uma equipe forte, diferenciada, engajada e que pudesse fazer a FAMCRED crescer. Eu precisava fazê-lo acreditar muito mais na empresa (que tinha apenas cinco meses), do que eu acreditar no trabalho que ele poderia desenvolver.

Talvez muitos não contratassem colaboradores sem aqueles testes que demonstram se aquele perfil encaixa-se ou não naquele setor. A FAMCRED contradiz muito esses métodos. Nossas contratações também eram condizentes com o que queríamos. Precisávamos de pessoas harmoniosas, com a vontade de obter resultados e bater metas, mas sem sacrificar seus valores. Queríamos pessoas que fossem capazes de se transformar e com isso fazer da empresa uma empresa diferente. Sempre frisamos muito o espírito de equipe e o quanto o nome da FAMCRED era importante. Com isso posso dizer que hoje tenho os melhores vendedores lobo, gato, águia e tubarão. Tenho na minha equipe de liderança lobos e águias. E em mim, tubarão executor, uma grande pedida para uma chefia autoritária. Mas uma coisa eu sempre tive certeza: eu não queria repetir as coisas negativas que eu vi em liderança. E para isso implementei, desde cedo, em toda equipe o espírito de amizade, cumplicidade, harmonia e felicidade. Lembro-me até hoje da nossa primeira palestra de treinamento: a felicidade no trabalho. Eu sempre quis que as pessoas entendessem que dá, sim, para ser feliz e trabalhar ao mesmo tempo.

Hoje oito anos e meio depois, a FAMCRED cresceu. Talvez eu não consiga mais trabalhar em todos os setores. Mas eu estou com eles em todos as atividades. Estou a frente em todos os acontecimentos e acredito que eles saibam o quanto precisamos estar lado a lado. Nossa liderança é linear e sabemos que nossa engrenagem precisa de todos com o mesmo objetivo.

Nossos treinamentos vivenciais anualmente são fatores importantes para essa transformação. Entendemos que não adianta treinar técnicas, vendas, *scripts* sem antes treinar as pessoas. Quando elas entendem todos os pontos fortes que possuem e quais pontos a melhorar, elas vão fazer sua empresa crescer tão rápido quanto ela mesma cresce a cada vivência. Nosso dia do abraço frisa o quanto cada um ali dentro é importante pra gente e, em cada abraço, podemos reforçar o quanto nós agradecemos por estarem ali. Temos o dia da música, no qual trabalhamos em meio a barulhada das ligações com nossos clientes, ouvindo as músicas preferidas da nossa equipe; nossas viagens de premiação, que usufruímos juntos; e o reconhecimento do esforço sempre de cada um. E, claro, o nosso ambiente sempre harmonioso e diferenciado que leva encantamento para quem nos visita, mostrando para nossa equipe que além de tudo isso: nosso maior valor são eles que transformam nossa empresa.

Hoje, oito anos depois, olho para trás e vejo o quanto o caminho não foi fácil, mas de fato foi leve. O quanto evitar diminuir um colaborador ou penalizá-lo por chegar dez minutos atrasado no trabalho nos trouxe resultados positivos. Tenho certeza que eu mais aprendo com toda minha equipe do que posso ensinar. Afinal, bons valores a gente não ensina, transmitimos. E acredito que o meu papel, desde o início, foi justamente transmitir o meu desejo de crescer junto com eles, batermos recordes e ganharmos premiações do banco juntos, de ser reconhecida pela qualidade da nossa operação junto a eles.

Um dia alguém me disse que "mais do que proprietária de uma empresa correspondente bancária, eu era uma gestora que desenvolvia pessoas dentro da FAMCRED e, por esta razão, minha equipe era diferenciada". Foi aí que eu entendi o verdadeiro impacto da minha liderança.

11

Empreendedorismo feminino: Será que já nascemos empreendedoras? Uma análise da minha história de empreendedorismo e as lições de vida que aprendi

Neste capítulo, proponho-me a fazer uma reflexão do quanto já somos empreendedoras desde que nascemos, mas com o tempo vamos criando obstáculos e crenças que nos impedem de sermos nossa melhor versão e vermos as lições que o empreendedorismo nos ensina.

Maria Solange da Costa Manso Morais

Maria Solange da Costa Manso Morais

Bacharela e Licenciada em Pedagogia pela UNIVAP, Secretária Executiva pela UNITAU, MBA pela Fundação Dom Cabral. Foi Docente do SENAC. *Master Coach, Business, Executive, Professional e Self Coach* pelo IBC. Possui também formação em *Coaching* de Liderança Sistêmica, *Coaching* Financeiro e *Coaching* de Emagrecimento por institutos internacionais. Experiência de 27 anos como Executiva de Multinacional, atuando no Brasil e em outros países. É proprietária da Reviva Treinamento e Desenvolvimento Humano Ltda, especializada em treinamentos no Brasil e América Latina, em *Coaching* de Vida e *Business*. Coautora do livro *Eu sou meu Propósito* (2019). Recebeu os prêmios: Bernache pela Empresa Accor, Bernache Internacional de Prata – em *Performance* (prêmio dado para os melhores do mundo) pela Accor e o prêmio Nacional de melhor Gestor do Segmento Econômico pelo VIHP.

Contatos
solangemoraisrevivatreinamento@gmail.com
Facebook: mariasolange.morais
Instagram: @Solangemoraistrainer
(11) 99187-0686

Acredito que já nascemos empreendedoras, pois quando crianças somos criativas e inventamos coisas o tempo todo. No entanto, com o passar do tempo, vamos perdendo a capacidade de iniciativa e criatividade, por crenças e medos que vão nos acompanhando em nosso desenvolvimento.

Venho de uma família simples. Meus avós e meus pais foram meus exemplos de vida e de empreendedorismo. Na época da imigração italiana, no Bairro Barra Dourada, Distrito de Monte Aprazível (SP), vivia a família Miranda da minha mãe, formada por oito filhos.

Era uma família muito pobre e vivia da lavoura. Certo dia, Francisco foi derrubar uma árvore e esta caiu sobre ele, deixando-o muito ferido. Ele resistiu ao acidente por 15 dias e faleceu no ano de 1913.

Maria, sua esposa, ficou viúva e com quatro filhos. O mais velho era Antônio, meu avô, com apenas seis anos, e o Francisco era o caçula, com alguns dias de vida.

Minha bisa era muito pobre e teve auxílio de amigos e parentes, trabalhou na lavoura, criou galinha, vendia ovos, frangos etc.; meu avô Antônio virou o arrimo da família. Ambos trabalharam duro e sempre acreditaram que poderiam melhorar.

Após casar-se com Francisca, órfã de pai e mãe, meu avô foi morar com a mãe e o irmão e logo teve uma filha, Anna.

Assim que minha tia Anna nasceu, meu avô ficou doente: estava com tuberculose. Porém, ele acreditava que tudo poderia ficar bem. Deixou a família e veio para Campos do Jordão, lugar indicado para a cura da doença. Antônio chegou em janeiro de 1933 e, após ficar curado, trouxe a família e dedicou-se a trabalhar no comércio com dez sacas de arroz, vendendo os grãos a granel no mercado municipal. Ele foi muito bem-sucedido em suas vendas, logo comprou um boxe no mercado e sua vida começou a prosperar.

Quando seu irmão Francisco também começou a passar mal, meu avô, achando ser tuberculose, foi buscá-lo e pediu que vendesse tudo e viesse morar em Campos do Jordão. Na verdade, Francisco sofria de úlcera.

Meu avô Antônio e seu irmão Francisco empreenderam comprando um armazém: o Mercadinho Jordanense. Ali, os irmãos trabalharam duro, venceram as dificuldades e foram companheiros por 50 anos.

Meu pai, por sua vez, vem de uma família grande e simples da roça. Meu avô Benedito Costa Manso era um homem da terra e morava no bairro do José da Rosa. Ele teve 21 filhos, embora somente 12 tenham ficado vivos. Meu avô sempre foi um homem de visão e empreendedor; buscava ajudar as pessoas, aprendeu muitos ofícios, tinha também um armazém, criava gado, tirava leite, trabalhava muito para manter a família. Assim, resolveu que poderia ajudar mais gente e se envolveu no mundo da política. Na época, foi o vereador mais votado da região e presidente da Câmara de Vereadores de Santo Antônio do Pinhal. Tinha um coração enorme e sempre estava empreendendo.

Destas duas famílias maravilhosas eu nasci, da união entre meu pai, Mario da Costa Manso, taxista, e minha mãe, Hilda Miranda da Costa, professora. Tenho quatro irmãos: Silvio, Mario Antônio, Marcelo e Viviane.

Aqui começa a minha história. Sou casada com Sidney Almeida Morais Filho, tenho dois filhos, João Paulo e Mayara, estudantes de medicina. Minha família é meu porto seguro, meu apoio, minha motivação para continuar.

Comecei a trabalhar muito nova: com 15 anos de idade já era auxiliar em uma escola infantil, e lá pude observar e constatar que desde pequenos somos empreendedores.

Empreendemos o tempo todo, somos destemidos e curiosos, corremos riscos, montamos e desmontamos tudo que vemos, temos a veia empreendedora dentro de nós.

Com 17 anos já estava cursando pedagogia, e como sempre gostei de ensinar, abri meu primeiro negócio, a "Escola Infantil Carrossel". Minha mãe era a responsável pedagógica, mas quem administrava e cuidava de tudo era eu.

Tive outras empresas como "La Bodequita" Rotisserie, que infelizmente não deu certo, mas me ensinou muitas lições.

Trabalhei na indústria como secretária executiva da presidência, e depois na área de hotelaria, na qual fiz uma linda carreira de mais de 27 anos. Tinha um cargo de executiva na Accor e precisava empreender, superar expectativas, atingir metas, cumprir prazos, encantar os clientes, gerir orçamentos, lidar com investidores, fornecedores, planejamento, marketing, conflitos, equipes, criar projetos e desenvolver novos produtos.

Há três anos resolvi fazer minha transição de carreira, embora já empreendesse há bastante tempo.

Hoje tenho duas empresas de sucesso voltadas para o autoconhecimento e desenvolvimento. A primeira já tem cinco anos e é referência na cidade: o Centro Reviva Excelência em Fisioterapia e Estética, voltado para a saúde de mulheres e homens, que tem como responsável minha irmã, Viviane Manso, referência em Fisioterapia Pélvica. A segunda eu abri ao sair da Accor: Reviva Treinamento e Desenvolvimento Humano, voltada para treinamentos, desenvolvimento das lideranças de empresas e pessoas que buscam desenvolvimento por meio de cursos, *business coaching, assessment, coaching* de grupo ou individual.

As principais lições que aprendi durante a jornada como empreendedora:

1ª lição – Empreendedor x empresário: quando somos donos de um negócio, temos um lado empreendedor e um lado empresário, que devem caminhar juntos. Como identificá-los?

Empreendedor: nosso lado que faz acontecer, que busca oportunidades de negócios, e está sempre atento ao mercado e suas possibilidades.

Empresário: nossa inteligência, o olhar estratégico que analisa os recursos para alocá-los de forma correta para que as coisas aconteçam.

Quando trabalhava em multinacional isso era muito visível para mim, pois tinha que lidar como se fosse a dona do negócio e, ao mesmo tempo, ser inovadora, empreendedora, criativa e usar os recursos da melhor forma para gerar excelentes resultados.

2ª lição – Clareza x visão: temos que ter uma visão clara do que queremos, saber quais são as peças chaves do nosso quebra-cabeça e como podemos encantar nossos clientes.

Podemos seguir alguns passos para ter mais clareza:

• entender o seu estado atual e aonde você quer chegar;
• saber se o resultado depende só de você ou de outros e como lidar com isso;
• definir as consequências dessa ação, bem como seus ganhos e perdas;
• criar um plano de ação: utilizar a ferramenta 5W2H que é um *check-list* de prazos e responsabilidades.

A falta de clareza foi um dos fatores que me levaram a fechar o negócio "La Bodequita" Rotisserie.

3ª lição – Coragem: é a nossa capacidade de questionar o status quo, de pensar em soluções, fazer acontecer. Não acredito em fracasso, pois ele nada mais é do que desistir no meio do caminho. Se você quer ser empreendedora, não desista!

Quando olhamos para as crianças, vemos o quanto elas gostam de criar, inventar, fazer as coisas. Sempre precisamos olhar para nossa criança interna, ouvi-la quando necessário, pois ela é destemida, determinada e simplesmente vai em frente.

Pense agora em você. Você escuta sua criança interior? Segue em frente? O medo te paralisa? Digo que o medo anda de mãos dadas com a coragem, pois a coragem só existe se o medo estiver ao lado dela. Ele tem duas funções: paralisar ou servir de trampolim. Como você encara o medo: como trampolim ou algo que te paralisa?

4ª lição – Planejamento: é a nossa capacidade de planejar a curto, médio e longo prazo, dando as diretrizes para as pessoas com as quais trabalhamos. Quando temos clareza e visão de onde queremos chegar precisamos planejar para definir as etapas a serem cumpridas. A ferramenta 5W2H pode ajudar nesse processo. O planejamento evita o retrabalho, ajuda a manter o foco e a cumprir as etapas de todo nosso processo. Mas o que vemos com muita frequência nas organizações é a não execução do planejado, muitas vezes por falta de comunicação.

5ª Lição – *Soft* e *hard skills*: são competências essenciais e que devem ser desenvolvidas.

Hard skills – competências técnicas necessárias para o negócio, como: Gestão de Pessoas, Planejamento Estratégico, Gestão empresarial, Plano de Negócio etc. Aprendi que temos que desenvolver todas elas, pois não adianta empreender se você não entende nada do que está empreendendo. Isso foi o que aconteceu comigo na "La Bodequita", eu não tinha as competências técnicas, não sabia fazer uma margem bruta, um *prime cost*, uma ficha técnica de cada produto que estava vendendo.

Soft skills – habilidades comportamentais como: criatividade, liderança, resolução de conflitos, persuasão, resiliência, *feedback*.

O estudo do Sebrae "Causa Mortis" aponta que as empresas fecham por falharem nesses três quesitos:

- planejamento prévio
- gestão empresarial
- comportamento empreendedor

De nada adianta você ter capacidades técnicas se não tiver as capacidades humanas, então procure saber o que precisa desenvolver. Às vezes, um *coaching* ou *assessment* podem ser o ponto de partida. Se precisar, conte comigo.

6ª lição – Pessoas: compartilhe o máximo que puder dos seus conhecimentos. Lembre-se: quando compartilhamos expandimos e, com isso, abrimos espaço para aprender mais. Só vamos ter resultado por meio das pessoas, e elas gostam de se comprometer, de ter responsabilidade e metas claras. Por isso, mostre o que espera de cada um. Dê *feedback*, mostre sua visão, seu propósito, sua estratégia, dê diretrizes sólidas, planeje junto, e esteja sempre presente para orientar, corrigir e direcionar. Você se surpreenderá com os resultados.

7ª lição – Resiliência: é a nossa capacidade de lidar com os problemas, de superar os momentos difíceis, nossa vontade de nunca desistir mesmo quando a diversidade aparece. E vão aparecer muitas! Quando tive a Escola Infantil Carrossel, precisei ter muita resiliência, pois foi na época do plano cruzado, havia tabela de conversão diária, era o caos. Em tudo que empreendi, a resiliência foi uma das grandes lições que aprendi.

8ª lição – Resultado: conheça os resultados qualitativos e quantitativos da sua empresa. Muitas empresas fecham por falta de gestão. Lembre-se: empreender é um negócio e todo negócio precisa gerar lucro. Estabeleça metas, KPIs, tenha os números na ponta dos dedos. Esse também foi um dos motivos pelos quais fechamos a "La Bodequita", não tínhamos conhecimento dos nossos resultados.

9ª lição – Liderança: se você já é uma líder, ótimo! Senão, pode aprender a liderar. Liderar é inspirar as pessoas a se unirem em torno de um propósito, é mostrar o caminho, ser ora ator principal, ora plateia e ora coadjuvante, é permitir que as pessoas errem e aprendam com seus erros. É orientar, vibrar com as pequenas vitórias e oferecer o ombro nas derrotas, pois elas virão também.

10ª Lição – Mentalidade positiva: tenha uma mentalidade positiva sempre. Nós somos reflexos dos nossos pensamentos, todo pensamento gera um sentimento – gera uma ação – gera um resultado. Cultive os bons pensamentos, acredite na sua capacidade de empreender, de ser protagonista da sua história.

11ª Lição – Cuide das suas crenças: não permita que suas crenças façam você parar. Existem três tipos de crenças: merecimento, capacidade e identidade. Durante muito tempo, tive a crença de capacidade, achava que não estava pronta para as coisas, então sempre estava buscando estudar, cada vez mais estudava, e cada vez mais achava que não estava pronta. Foi muito difícil mudar esta crença. Precisei de ajuda por meio do *coaching*, venci, e descobri que sou capaz, sim. Se você já se sentiu assim ou se acredita que tem uma crença forte dentro de você, busque ajuda. As crenças podem ser trabalhadas.

12ª lição – Empatia: tenha empatia pelas pessoas, aprenda a se colocar no lugar delas. Muitos dizem que empatia é tratar o outro como gostaria de ser tratado. Para mim, a empatia vai além – é se colocar no lugar do outro com os olhos do outro. Lembre-se: nem sempre o que é bom para mim é bom para o outro.

Enfim, empreender é um mundo de possibilidades e oportunidades que estão ao nosso lado o tempo todo. Basta um dia, um milésimo de segundo para termos a ideia que pode mudar nossa vida, nosso destino. Aprendi que não são as nossas condições que determinam aonde vamos chegar, ou se vamos chegar a algum lugar, mas nossas ações. Aja!

Aprenda todos os dias, pois o conhecimento é o bem mais precioso. Desfrute desta vida maravilhosa, ela é curta, passa muito rápido, então aproveite. Esteja perto das pessoas que ama, das pessoas que te acolhem, te apoiam.

Nascemos empreendedores, por isso olhe para dentro de você e veja o quanto já empreendeu. Empreender não quer dizer automaticamente ter um negócio, mas pode ser uma mudança de visão, uma atitude diferente.

Empreender é um caminho maravilhoso, mas terá seus percalços, seus medos, suas crenças. Lembre-se: o sol nasce para todos, mas nem todos veem o espetáculo que Deus nos dá todos os dias. Embora existam dias sombrios, o sol sempre estará lá.

O que você está esperando para brilhar?

12

Mulheres e corporações: o autoconhecimento como pressuposto de sucesso

Neste capítulo, propõem-se uma reflexão sobre a importância do desenvolvimento do autoconhecimento para a liderança feminina no âmbito organizacional e a necessidade de mudança de comportamento visando alcançar o sucesso por meio da identificação das suas potencialidades.

Natalie Jacinto Borba

**Natalie
Jacinto Borba**

Bacharela e Psicóloga pelo Centro Universitário de Maringá (UNICESUMAR - 2012). Especialista em Gestão de Pessoas e Desenvolvimento de Talentos pelo UNICESUMAR (2014). Docente dos Cursos de Pós-Graduação do Centro Universitário de Maringá (UNICESUMAR) e Faculdade Cidade Verde (FCV). *Master Coach* (2018), *Leader Coach* (2012), *Profesional* e *Self Coach* (2012), Analista Comportamental (2012) pelo IBC. Experiência de 23 anos como profissional de Recursos Humanos, atendendo a todos os subsistemas em empresas nacionais e multinacionais. Tem experiência na área de Educação, Gestão e *Coaching*. É proprietária da empresa Natalie Borba - Consultoria de Recursos Humanos, Alta Performance para Líderes e Equipes, *Coaching* de Desenvolvimento Humano, Treinamentos e Palestras. Em 1997, recebeu o prêmio de profissional mais jovem a assumir um cargo de liderança em multinacional.

Contatos
natalie-borba@hotmail.com
Facebook: Natalie Borba
Instagram: @nataliemastercoach
(44) 99806-2750

Durante 23 anos atuando como líder em corporações de pequeno, médio e grande porte procurei observar o comportamento de líderes que pertenciam a diferentes níveis hierárquicos, sejam eles alocados em cargos de coordenação, supervisão, gerência ou diretoria. Bem como vivenciei diversas situações no universo corporativo, desde promoções, conflitos, transferências, desligamentos, entre outros. Nesse sentido, tentava compreender qual era o caminho para me tornar uma líder de referência para uma corporação.

Na vida encontramos diversos tipos de líderes, imagino que você tenha conhecido aquele líder colaborativo que sabe distribuir as responsabilidades entre os membros da equipe, resolve conflitos com facilidade e criatividade, escuta a opinião e oferece *feedbacks* construtivos no momento certo. Esse líder, provavelmente, tinha visão sistêmica e buscava crescer junto com a sua equipe de trabalho.

Em contrapartida, você também deve ter encontrado líderes centralizadores, ou seja, aqueles que não apresentavam informações claras, não reconheciam a importância da equipe ou não permitiam o confronto de ideias. O típico chefe que é focado em um único método de trabalho e pensa somente no próprio crescimento dentro da empresa.

Segundo Cordeiro (2019, p. 15), "liderança é o processo de influenciar o comportamento dos outros para a obtenção de determinados resultados". Essa é uma definição comum, mas ela me intrigava, sempre acreditei que por trás de uma boa liderança existia um grande segredo, então, fazia projeções dessa realidade. Até o momento que consegui entender por meio de todas as minhas experiências como líder que as respostas estavam todas dentro de mim.

Durante minha trajetória profissional, refleti muito sobre as decisões que tomei, e em muitos momentos senti um conflito interno, pois não conseguia compreender qual era a minha verdadeira percepção em relação a determinadas situações e contextos. A partir desse momento percebi que precisava me autoconhecer para seguir em frente.

Eu tinha consciência que aprendia com facilidade, por isso me destacava com relação à agilidade nas entregas no trabalho. Também sabia que precisava vencer a timidez e outras limitações para crescer profissionalmente, mas ainda faltava algo para compreender o meu papel no mundo. O autoconhecimento nos ajuda a entender nosso potencial e as nossas limitações. Sem esse conhecimento não conseguimos ter uma alta performance como líderes, então, quanto mais você exercita o autoconhecimento, melhor é o seu desempenho no relacionamento interpessoal e no alcance dos resultados esperados.

Nessa busca por uma referência de liderança observava o comportamento de diversos líderes visando construir o meu próprio estilo de liderança, nesse processo encontrei líderes bons e ruins, mas todos eles contribuíram para o meu aprendizado. Por exemplo, eu identificava os comportamentos que mais se aproximavam das minhas crenças e valores para ajustar a minha realidade.

Já aqueles cujo comportamento julgava inadequado tentei compreender a sua singularidade com base nos meus conhecimentos em psicologia. Assim conseguia entender que eles eram seres humanos passíveis de erros e acertos. Diante disso, minha validação como líder era constante, pois a cada nova experiência buscava refletir e melhorar o meu comportamento.

Quando estamos no papel de liderança é um grande desafio perceber a complexidade de uma organização e ao mesmo tempo projetar um caminho evolutivo, pois muitos líderes não se permitem aplicar mudanças em si mesmos e apresentam o mesmo comportamento em diferentes situações. Vivenciando esse contexto identifiquei que ser líder de si mesmo contribui para o alcance de uma alta performance profissional. Nesse sentido, o processo evolutivo acontece de forma saudável, disruptiva e sustentável.

Diante disso, entendi que a mudança precisa começar dentro de nós. Pare e pense, você está disposto a compreender a si mesmo? Você está disposto a entender suas potencialidades e fraquezas? É necessário fazer essa reflexão para perceber que somos vulneráveis, e não tem nada de errado nisso desde que você tenha certeza absoluta que seu comportamento está condizente com o seu EU. Lembre-se que erros são resultados das tentativas de acerto, e posso afirmar que foram essas experiências que me fortaleceram para chegar até aqui.

O maior aprendizado da minha vida foi quando me permiti praticar o autoconhecimento. Você sabe como é importante fazer uma escolha? Quantas vezes você fez uma escolha sem pensar no impacto dela na sua vida? As pequenas e as grandes escolhas, mesmo aquelas que você acha que não têm importância, podem trazer consequências que vão acompanhar você por toda sua existência. Será que você sabe exatamente onde essas consequências podem te levar?

Aos dezoito anos fui promovida a líder de equipe e, consequentemente me tornei a pessoa mais jovem a assumir um cargo de liderança naquela corporação, por isso fui homenageada. Naquele momento eu aceitei o desafio, mas não tinha consciência do impacto daquela decisão no meu SER. Não tinha ideia das consequências dessa mudança e o que o futuro reservava para mim. Nesse sentido, o medo do desconhecido se intensificou junto com a minha promoção.

Essa mudança foi uma mistura de sentimentos, de um lado estava alegre por ser a pessoa mais jovem no cargo, mas de outro lado tinha medo de não ser capaz de assumir essa responsabilidade. Naquele momento não sabia como seria minha performance como líder, mas assumi o papel e liderei pessoas mais experientes e mais velhas, durante esse processo senti um misto de reações, sensações e desejos, bem como esperava que tudo acontecesse da melhor maneira possível. Sabia que precisava enfrentar meus medos para lidar com aquela situação.

Os desafios desta jornada do autoconhecimento aconteceram em paralelo com a execução das minhas funções como líder. Enquanto estava buscando me conhecer, tinha que cumprir as metas do departamento, fomentar o engajamento e direcionar minha equipe, estudar e acompanhar as inovações e mudanças corporativas. Bem como aplicar treinamentos, fazer contratações e demissões, entre outras situações que exigiam a minha melhor *performance*.

A busca precoce por respostas internas para estes questionamentos foi incessante, pois precisava entender os comportamentos que me cercavam. Nesse sentido, era necessário buscar respostas imediatas para lidar com tantas demandas organizacionais e emocionais. Eu queria obter sucesso profissional, diante disso, me perguntava: quais são as características de uma boa líder de equipe? Como posso ser aceita e obter uma alta performance dentro de uma organização sendo mulher? Nesse momento, cheguei a acreditar que o simples fato de ser mulher me deixava em desvantagem em relação aos demais líderes.

Essa necessidade de cumprir o propósito organizacional e me tornar uma referência na área me impulsionou a iniciar uma grande jornada pela busca do autoconhecimento. Lembro que enquanto tentava sobreviver àquela situação, existia dentro de mim um desejo de evolução, pois quando somos expostos a determinadas condições desenvolvemos a capacidade de pensar sobre diferentes perspectivas.

Tenho consciência de que muitas decisões que tomei não foram as melhores, por isso muitas vezes me arrependi e tive que perder tempo consertando aquilo que aconteceu de errado em consequência de uma decisão precipitada e incoerente. Em compensação, todos os dias reservava um tempo para refletir sobre meus comportamentos, nesse exercício tentava lembrar dos *feedbacks* das pessoas que conviviam comigo, bem como das expressões faciais de concordância ou não sobre as minhas decisões. Essa reflexão me fortalecia, pois conseguia compreender que a partir do momento que tivesse esse olhar para o outro, também conseguiria acessar o meu eu interior e identificar se tudo aquilo fazia sentido. Esse exercício de olhar para todo o universo interior é o meu maior segredo revelado, bem como esse comportamento é imprescindível para sobreviver nesse mundo que estamos vivendo, que é caracterizado pela sua volatilidade, incerteza, complexidade e ambiguidade. Lembre-se que a forma como pensamos, agimos e nos projetamos define a nossa liderança, mas para alcançar o sucesso é necessário identificar quem somos realmente.

Nesse processo tive a oportunidade de fazer diversos testes de perfil comportamental, psicológicos e de liderança. Cada um deles me confrontava, pois muitas vezes eu não aceitava que aquela pessoa descrita naqueles resultados me representava. Eu queria mudar aquilo, por isso idealizava algo melhor. Aos poucos percebi que precisava me desafiar como pessoa e profissional, assim como encarar aqueles resultados como um desafio na minha vida. A mudança de comportamento não acontece da noite para o dia, nesse sentido, sabia que minha jornada seria longa, pois considerava que estava muito distante do estilo de liderança que almejava para minha história, para minha vida, para minha equipe e para aquela corporação.

Diante disso, escolhi praticar a auto-observação, esse processo me conectou com diversos tipos de pessoas, bem como me ajudou a fortalecer meus pontos fortes. Nesse momento, os meus pontos de melhoria não me assustavam mais, eles eram uma ponte para a minha evolução, uma oportunidade de entender que lidar simultaneamente com tudo que acontece ao meu redor é uma forma mais intensa de aprendizado.

É um aprendizado imediato que ocorre quando temos uma autopercepção daquilo que está acontecendo no momento da sua execução. Por isso, prestar atenção em nossas atitudes e tentar desenvolver uma abordagem nova para cada decisão é uma forma eficaz para nos mantermos conscientes. Lembre-se que quanto mais você tem acesso a sua consciência, mais você estará preparado para usar o seu conhecimento no momento certo e não sentirá que a situação está fora de controle.

Você, provavelmente, já disse em algum momento da sua vida as seguintes frases: "quando vi, já falei" ou "quando me dei conta já tinha feito". Esse é um grande erro, pois no momento que acreditamos que sabemos de tudo podemos agir sem saber de nada. Quando temos consciência dos nossos atos não agimos assim.

É exigido dos líderes diversos comportamentos para que eles alcancem os resultados esperados, para tanto, algumas vezes agimos em desacordo com aquilo que acreditamos, esse comportamento pode ser considerado uma ação condicionada e não consciente. Lembre-se de que o ponto chave para uma liderança de sucesso é ter um propósito de vida bem definido, bem como saber quanto desse propósito pode ser inserido dentro de uma empresa. Para tanto, você precisa ter clareza sobre o motivo pelo qual você criou esse propósito dentro de você.

Foi dentro da área de Recursos Humanos de empresas nacionais e multinacionais que tive a oportunidade de atingir o autoconhecimento, bem como identificar que o meu propósito de vida é servir às pessoas com meu apoio, suporte, conhecimento, acolhimento, dedicação e amor. Quando percebi que isto me deixava feliz minha trajetória se tornou mais leve, pois em cada situação vivenciada eu trazia na minha mente o que eu acreditava como sendo uma resposta para a minha existência.

Você sabe o motivo que te leva a fazer o que faz hoje? Qual é a sua motivação para acordar todos os dias e sair para trabalhar? Ou, ainda, por que você existe? A partir do momento que conseguimos responder estas perguntas, identificamos nosso propósito e entendemos qual a razão da nossa existência. Imagino que você tenha conhecido a missão de muitas corporações. A missão de uma empresa pode ser definida como a razão da sua existência, é o motivo pelo qual ela foi concebida e projetada. Assim, todos os envolvidos nessa corporação passam a guiar-se por este propósito organizacional. Em nossa jornada como líder não é diferente, pois temos uma equipe para guiar e precisamos entender a nossa essência para projetarmos nosso propósito de vida no trabalho visando alcançar uma boa *performance* e, consequentemente, contribuir para a corporação como um todo.

A jornada do autoconhecimento começa quando você decidir por você! Quando você se permitir a olhar para si sem julgamento e entender que existe um universo de possibilidades dentro de você. Não é uma tarefa fácil olhar para dentro de si mesmo, mas em um mundo de tantas incongruências, ter certeza de quem somos, o que queremos e para onde vamos é crucial para se manter ativo em um cenário de constantes transformações. Lembre-se: a chave é você que vira.

Referência

CORDEIRO, José Vicente B. de Mello. *Liderança integral: a evolução do ser humano e das organizações*. Petrópolis, RJ: Vozes, 2019.

13

Aprendizado e desafios constantes: liderando em meio às adversidades

Após o falecimento do patriarca da família em 2012, a responsabilidade bate à porta e a sua maturidade é apressada. Imagine uma família somente de mulheres administrando uma empresa do segmento de transportes, conhecido como um setor totalmente masculinizado. Você precisa de trabalho duro, coragem e muita determinação para conquistar o respeito de funcionários, gestores da empresa e clientes.

Priscila Zanette

**Priscila
Zanette**

Bacharela em Administração de Empresas pela Universidade do Extremo Sul de Santa Catarina (UNESC). Tem MBA em Gestão Empresarial (IBGEN). Participou do Programa de Desenvolvimento de Acionistas (PDA) pela Fundação Don Cabral (FDC) e do Programa de Desenvolvimento de Dirigentes (PDD) da FDC em 2019. Atualmente, participa do Programa de Desenvolvimento Comportamental de Líderes – PDEC pelo CENEX. É vice-coordenadora da COMJOVEM Região Sul do estado de Santa Catarina. Atua no setor de transporte há 17 anos e é diretora-geral da Ouro Negro Transportes desde 2012.

Contatos
www.ouronegro.com
priscila@ouronegro.com
Facebook: pri.zanette
Instagram: @priscila_zanette
LinkedIn: Priscila Hertel Zanette

onvido você a embarcar comigo em uma história sobre determinação, liderança e superação, que resume a minha trajetória de vida pessoal e profissional. Nasci em Criciúma, uma cidade com aproximadamente 215 mil habitantes, ao sul de Santa Catarina. Sou a filha mais velha de uma família composta, em grande parte, por mulheres, sendo eu, minhas duas irmãs e minha mãe, uma professora de educação infantil aposentada. Infelizmente, meu pai faleceu, mas vou falar um pouco sobre ele e sua importância no decorrer do texto.

Meu pai, Amilton João Zanette é fundador da Ouro Negro, transportadora da qual sou diretora atualmente. Porém, quando era criança tínhamos pouco contato com a empresa. Recordo-me que íamos às confraternizações de final de ano e nessas ocasiões meu primo e eu brincávamos de disputar quem comandaria a empresa no futuro. Se eu sempre sonhei com isso? Não! Era apenas uma brincadeira da infância. Durante a minha adolescência, meus sonhos de carreira profissional não tinham a ver com os negócios da família.

Aos 16 anos, quando fui fazer a escolha para prestar vestibular, meu pai me chamou e disse que eu era a pessoa certa para assumir a empresa quando ele se aposentasse. Ele enfatizou que eu deveria escolher o curso de Administração para cuidar dos negócios da família e naquele momento, eu senti o peso da responsabilidade de representar meu pai na empresa, bem como de cuidar da minha família na sua ausência. Não foi fácil, mas, como sempre fui uma filha obediente, agi de acordo com os planos traçados por ele.

Durante os dois primeiros anos de graduação, não me identificava com o curso. Porém, no quinto semestre, comecei a ver o conteúdo das aulas com outros olhos e acabei me apaixonando por temas como finanças, gestão de pessoas, processos e planejamento estratégico. De repente, percebi como o ambiente organizacional pode ser encantador e, ao mesmo tempo, instigante. Entre 2003 e 2007, estudava no período da manhã e trabalhava na Ouro Negro à tarde.

Desde meu início na organização, até minha chegada ao cargo que ocupo atualmente, passei por diversos setores para adquirir os conhecimentos técnicos. Aos 17 anos, iniciei no setor de faturamento, onde aprendi muito sobre comportamento no ambiente profissional. Depois, fui para o setor de contas a pagar, onde comprovei meu amor pela área de administração e agradeci meu pai pelo empurrão que meu deu no passado.

Aos poucos, comecei a implantar o meu jeito nos processos da empresa. Adotamos uniformes para todos os funcionários e percebi que incluir os colaboradores nos projetos da organização aumentava o nível de engajamento e comprometimento dos mesmos. Transformei isso em um hábito.

Com o passar do tempo, continuei meu processo de evolução na Ouro Negro. Trabalhei na área contábil, e em seguida gerenciei o projeto de implantação do departamento de recursos humanos junto com o responsável pelo departamento pessoal. Esse é um momento que guardo com muito carinho, pois adorei criar os procedimentos e políticas de gestão de pessoas, bem como aprendi que cada indivíduo tem suas particularidades e que lidar com pessoas é um desafio.

Durante esse processo, contratamos uma consultoria e lembro que sofri muito preconceito por ser acadêmica, jovem e filha do fundador da empresa. Essa foi a primeira vez que senti na pele que precisava provar para as pessoas que eu era capaz, que tinha conhecimento e vontade de aprender. Então, ergui a cabeça e segui em frente com o projeto.

Depois desse desafio, passei pelo setor de controladoria, onde tive a oportunidade de conhecer todas as áreas da empresa e me aprofundar nos processos e rotinas de trabalho. Também comecei a ter contato direto com meu pai e aproveitei para convencê-lo a criar uma reunião semanal com os gestores para acompanhar o andamento dos setores da organização. Confesso que não foi fácil, mas depois de muitas conversas, implementamos as reuniões.

Infelizmente, em 2008, descobrimos que meu pai estava com câncer nos ossos e no pulmão, em fase de metástase. Lembro-me que foi um ano muito difícil tanto para minha família quanto para a empresa. À época, meu pai fazia quimioterapia de 20 em 20 dias em São Paulo, por isso ficava muito ausente na empresa. Diante disso, ele resolveu instituir um comitê gestor composto pelos gerentes corporativos, o contador da empresa e eu. Nesse período, comecei a dar minhas opiniões sobre os rumos da organização e, ao mesmo tempo, percebi que era necessário ter muito sangue frio e equilíbrio emocional para tomar decisões estratégicas.

Em 2009, assumi a área de *marketing* da empresa que incluía apenas mídias e materiais promocionais, bem como supervisionava os trabalhos da área de recursos humanos e fui trabalhar em uma sala ao lado do meu pai, assim tinha mais contato com ele e podia aproveitar para aprender mais sobre como comandar uma empresa. Lembro-me que não demorou muito para ele me dizer que tinha planos de aposentadoria e que eu iria assumir os negócios. Então, decidimos procurar um *coach* para ajudar no meu desenvolvimento. Esse processo, diferentemente do MBA, nos traz ensinamentos práticos. Fiz dois trabalhos com *coach*, e nesse primeiro, o foco foi no emocional e psicológico, com o objetivo de encontrar o autoconhecimento e o equilíbrio, isso me deu ferramentas e habilidades imprescindíveis para ocupar o cargo de liderança.

Depois de três anos, os medicamentos que meu pai tomava não estavam mais fazendo efeito e isso acabava comigo. Posso afirmar que foi um ano muito desgastante física e emocionalmente devido ao turbilhão de expectativas e frustrações que me acompanhavam todos os dias. Recordo-me que em maio de 2012 estávamos com algumas dificuldades na empresa e quando falava com meu pai ele me dizia para ficar tranquila que tudo ia se ajeitar na sua volta.

Em novembro daquele ano, ele faleceu. Foi um momento muito doloroso para mim e minha família, mas eu precisava manter o equilíbrio emocional para cuidar de tudo. Lembro que nossos amigos, familiares e funcionários prestaram homenagens lindas para ele, isso me deixou muito grata naquele momento. Mas, como a vida precisa seguir, depois de cinco dias e aos 27 anos, fui para a Ouro Negro assumir o meu novo posto de trabalho, a direção da empresa. Mesmo destruída por dentro, senti que precisava continuar o legado do meu pai. Foram dias difíceis, mas nunca desisti.

A transição para a liderança da empresa não foi fácil, mesmo já trabalhando há anos em diversos setores, ainda tive que aprender muito. Posso afirmar que substituir a cadeira de uma pessoa forte e inspiradora não é uma tarefa fácil. Meu pai era um líder nato, tinha a admiração e o respeito de seus colaboradores. No início, sofri muito preconceito. O setor de transporte é majoritariamente masculino e muitos colaboradores não aceitavam a ideia de serem comandados por uma mulher jovem. Tive que aprender a provar que minhas ideias eram boas, prezo por uma gestão participativa, onde todos podem compartilhar as suas opiniões e, consequentemente, engajar a equipe de forma natural.

Felizmente, contei com o apoio de uma ótima equipe de trabalho e do gerente geral, que era braço direito do meu pai e que me orientou durante esse período. Minha família também teve um papel muito importante, tanto minhas irmãs quanto a minha mãe, pois sempre me apoiaram incondicionalmente e confiam no trabalho que faço diariamente dentro da nossa empresa.

Minha primeira grande decisão como gestora foi contratar um *software* mais moderno. Utilizamos o mesmo por dez anos, não estava mais atendendo às nossas necessidades. Dois anos antes de meu pai falecer, contratamos outro sistema que não foi suficiente. Então, foi um desafio encontrar um *software* moderno, com bom custo-benefício e que pudesse atender nossas necessidades. Felizmente, essa operação foi um sucesso.

Para complementar essa mudança, fiz um curso na Fundação Dom Cabral e gostei tanto da metodologia que os contratei para fazer parte do "Programa Parceiros da Excelência", responsável pela criação dos indicadores de desempenho. Eles ajudaram muito no desenvolvimento de indicadores para medir os resultados reais da organização. Essa contratação foi essencial para a implantação de uma gestão mais estratégica.

A gestão de indicadores é uma maneira muito comum e eficiente de controlar sua empresa, principalmente quando ela alcança certo nível e você não tem a visão próxima de todos os processos. Os indicadores têm a missão de comunicar, de forma mais objetiva, organizada e por meio de quantificação os resultados da empresa. Por meio da metodologia *Balanced Scorecard* (BSC), a organização terá um conjunto de metas que proporcionam aos colaboradores uma visão rápida e abrangente das estratégias da empresa.

Cursos como esse da Fundação Dom Cabral são uma atualização e um *networking* voltado para relacionamento. O mais importante são as portas que se abrem, não apenas de negócios, mas de relacionamento. Ali temos espaço para trocar experiência e identificar problemas semelhantes. Esse é um momento de ajuda mútua e claro, de aproveitar o conhecimento que os professores trazem.

Em 2018, fui convidada para participar da Comissão de Jovens Empresários (COMJOVEM) da Associação Nacional do Transporte de Cargas e Logística (NTC&Logística), e desde então, fazer parte desse grupo tem sido uma grande abertura de portas e de muito aprendizado. Participar de uma comissão como esta nos deixa dentro de todo o setor, das tendências do mercado, problemas com legislações, reivindicação e muito mais. Desde que entrei para a COMJOVEM, percebo o quanto isso tem sido benéfico para a Ouro Negro.

Participar de instituições com propósitos também auxilia no crescimento da visão de todo o seu negócio e do setor, aumentando a produtividade da sua empresa. Esse é um ambiente de troca de experiência. Ali, todos os assuntos têm o propósito de melhorar o setor como um todo, fortalecendo e acrescentando no desenvolvimento de todas as organizações envolvidas.

Meus métodos e implementações, na Ouro Negro, são, em sua maioria, relacionados a gestão de pessoas. Implementei os recursos humanos ainda quando meu pai era vivo e isso ficou mais forte desde que me tornei diretora, acredito que gerir bem as pessoas é fundamental para o sucesso de uma empresa. Quanto maior a empresa, mais se elevam os desafios de formar e manter uma cultura forte, fator de fundamental importância para que as pessoas que fazem parte da organização compartilhem da missão e valores propostos para o sucesso do negócio. Estamos implementando também um plano de resultados para engajar ainda mais todos que fazem a Ouro Negro ser o que é hoje. Porém, nem tudo mudou, a forma respeitosa como tratamos o cliente, fazendo com que ele se sinta único, e a transparência são características imprescindíveis deixadas pelo meu pai.

Nos últimos oito anos, acredito que evolui muito como pessoa e como líder. Entendi que não existe setor mais importante, que todos são uma engrenagem e que a empresa precisa caminhar na mesma direção. Hoje, consigo realmente viver o planejamento estratégico, assimilar que desde o momento de contratação de um profissional, os valores da organização devem ser instituídos, para criar uma identidade e um propósito único entre empresa e profissional.

Mais do que simplesmente delegar tarefas, ser um bom líder significa também integrar sua equipe, inspirar pessoas e extrair os pontos positivos de cada colaborador. Manter uma comunicação clara e objetiva é ponto crucial no bom funcionamento das suas atividades, as responsabilidades devem ser correspondidas pelos integrantes, sem competitividade em excesso. Precisamos ter uma visão ampla dos negócios, com conhecimentos técnicos e estratégicos, um líder antevê a direção e preza pelo caminho que a empresa está tomando.

O transporte de cargas é o principal meio de abastecimento do mercado industrial e comercial brasileiro. São mais de 130 mil empresas e uma frota total de aproximadamente 1,6 milhão de caminhões responsáveis por transportar 65% de tudo o que circula no país. O setor vem se desenvolvendo, ficando cada vez mais profissional, aprimorando sua gestão, suas ferramentas e seus processos. Comandar uma transportadora no Brasil é um desafio constante, principalmente pelas cargas tributárias, e custos logísticos, enquanto empresários, precisamos estar sempre atentos para trazer esses aprimoramentos para nosso dia a dia.

Atualmente, a Ouro Negro possui oito unidades próprias, 52 unidades terceiras e conta com aproximadamente 1500 funcionários. Atendemos 100% do sul do país, além da grande Campinas e São Paulo. Para o futuro, planejo que ela continue sendo atrativa para sócios, clientes, colaboradores, fornecedores, parceiros e para a sociedade como um todo, mantendo seus valores, um desenvolvimento sólido e sustentável, sempre pensando em inovar e crescer, com responsabilidade e respeito àqueles que fazem os nossos processos acontecerem. A minha maior motivação continua a mesma: dar continuidade ao legado que meu pai deixou.

14

Coragem: a arma mais poderosa da humanidade

Cada mulher tem a sua história e enfrenta os preconceitos tão presentes em nossa sociedade, dando conta de tantos papéis e exigências – uma prova de coragem. Coragem para ser pioneira, ousada e à frente do seu tempo. Por meio da união de histórias de mulheres que fizeram parte da minha vida, mas que poderiam fazer parte da sua, convido você a viver conosco um novo tempo.

Thayni da Silva Librelato

**Thayni
da Silva
Librelato**

Empresária, advogada e administradora, possui graduação em Direito e Administração de Empresas pela Unisul; Pós-graduação em Gestão Empresarial pela Unibave e em *Marketing* pela Unisul; Especialização em áreas como gestão, *marketing*, empreendedorismo e liderança no exterior, passando por universidades como San Diego, Babson College e, também, cursos dentro do complexo Walt Disney World. É sócia e conselheira de administração da Librelato S.A. Implementos Rodoviários, uma das maiores empresas do segmento no país, que está entre as melhores empresas para se trabalhar em Santa Catarina, segundo o GPTW. Há dois anos, assumiu a presidência da Associação Empresarial de Orleans e Lauro Muller (ACIO), sendo a primeira mulher do extremo Sul catarinense a assumir uma presidência na região. É embaixadora da Casa Guido, uma instituição que cuida de crianças e adolescentes com câncer. Administradora das empresas TLUG Participações e Rádio Guarujá, onde apresenta o programa *Bate-Papo Empreendedor*.

Contatos
www.librelato.com.br
thayni@librelato.com.br
Instagram: @thayni_librelato

Desde criança, sempre escutei uma frase da minha mãe: "seja forte, mas não como as pedras que tudo destroem e sim como as ondas que tudo superam". E nunca imaginei que uma simples frase pudesse influenciar e contar hoje a minha trajetória. Dizem que palavras têm poder e não é que têm mesmo!

Se há um ensinamento que sempre levo como meu guia é: "sempre preze pelos seus valores". Na hora em que você precisa decidir algo, você sempre está sozinho. E, então, são os valores, os maiores conselheiros da nossa vida. Principalmente se você tem um cargo de gestão. Meu pai, José Carlos Librelato (Lussa), um dos maiores empreendedores natos que já conheci, me ensinou tratar todos com respeito, dar valor ao dinheiro, alimentar a vontade de aprender e de nunca desistir. Sempre me deu exemplos de como ser protagonista da própria vida. Nós fazemos, nós conseguimos, nós encontramos. Aprendi com ele que ajudar as pessoas é a combustão do propósito e da vida. Quando em 2014, fui convidada para ser Embaixadora da Casa Guido, uma casa que cuida de crianças e adolescentes com câncer, fazia apenas um ano que tinha perdido o meu pai, meu chefe e líder para essa mesma doença. Naquela hora, entendi que ajudar as pessoas a lutar contra o câncer me ajudaria a significar a dor deixada pela ausência de meu pai.

Com minha mãe, Adecir Maria Cardoso da Silva, aprendi um segredo que não agrada todo mundo: trate todos de maneira igual. Para mim, independente de qual profissão ou cargo, sempre tento tratar todos de forma respeitosa e humanitária. Isso incomoda muitas pessoas, principalmente as pessoas que acreditam que um cargo superior as torna melhores do que outras. Ela ainda me ensina a acreditar em mim mesma, sendo ética e honesta com os meus princípios e a nunca desistir dos meus sonhos, mesmo que até ela não acredite.

Quando tinha sete anos de idade, meus pais se separaram. Sofri preconceito das mais diversas formas, na escola, com os colegas de classe, na cidade. Afinal, que tal ser filha do segundo casal de uma cidade do interior que se separa? Mas sempre acredito que a vida nos prepara para o nosso destino. E quando isso aconteceu, comecei a ter mais contato com meninos que com meninas na escola. Talvez seja por isso que me dou tão bem ao lado de profissionais que trabalham na nossa empresa. Afinal somos ainda uma empresa predominantemente masculina, com mais de 95% de homens em nossa organização. E isso também me ensinou que todas as pessoas são iguais. Não importa a escolha de seus pais, sua cor, seu credo, sua orientação sexual ou sua posição social. Acredito que juntos temos que combater o que está errado e nos unir para lutar por justiça.

Posso garantir que tudo na minha caminhada valeu a pena. Fabriquei e vendi bijuterias para ajudar nas minhas despesas, trabalhava à tarde na assessoria jurídica nas comarcas de Tubarão e depois de Jaguaruna e, ao mesmo tempo, cursava os cursos de Direito e Administração, uma à noite e outra pela manhã. E precisei me dedicar muito, trocando os fins de semana, as festas e muitos outros compromissos da adolescência pelos livros, noites e madrugadas intermináveis de estudos. Depois de formada, iniciei como *trainee* na empresa Librelato S.A, passando por quase todos os setores da empresa, até chegar ao jurídico e *marketing*, minhas duas grandes paixões.

Quando comecei minha carreira profissional trabalhando na assessoria jurídica nas comarcas de Tubarão e de Jaguaruna, conheci pessoas maravilhosas e, também, as que marcaram minha vida profundamente de maneira negativa. Sabe aquela história "ou você aprende pelo amor ou pela dor"? No meu primeiro dia de trabalho, no segundo semestre da faculdade de Direito eu nem sabia o que era um despacho, sentença ou algo afim. E uma moça, pediu que eu me sentasse na cadeira e fizesse o primeiro despacho. Falei que não sabia fazer e ela disse: "não tem problema, eu vou te ensinar." Eu, a mais feliz e sorridente, sentei achando que estava fazendo a coisa mais importante do mundo. Digitei tudo que ela mandou e foi para correção. De súbito, ouço um grito da responsável pelo cartório perguntando "quem era o burro que tinha feito aquilo". Levei uma bronca na frente de todos, e, ao perguntar para a colega que me ajudou o que eu tinha feito de errado, ela respondeu: "para você entender quem manda aqui e como as coisas funcionam." Esta pessoa, que me magoou naquele momento, nunca vai imaginar que, com aquelas palavras, estava criando um dos maiores propósitos da minha vida: a humanização na gestão.

Dois anos após, era sobre isso que a juíza Dra. Letícia Pavei iria me ensinar. Eu ganhava bolsa para trabalhar no Fórum e, querendo me ajudar, ela pagava todos os dias o meu almoço. Perdi a conta de quantas vezes me levou à sua casa para tomar um café quentinho antes da faculdade. Por ela e pelo meu trabalho, eu dava todos os dias o meu melhor, pois era tratada com respeito e carinho. E assim, com uma juíza, eu descobri na prática o que era *endomarketing* e como as técnicas podem influenciar na gestão de uma organização. E pensei: quando eu for uma gestora, vou tratar todos com este respeito, para que se sintam motivados como profissional e como pessoa, pois gostar do que você faz é pouco, você tem que ser apaixonado!

Não sei se nasci com o dom de ser líder ou o desenvolvi, mas sempre fui apaixonada por gente e certamente esta é a principal característica de um líder; o que não se confunde com ter um cargo de liderança. A essência da liderança é bem maior. Ela pode ser exercida em várias situações, inclusive individuais, em muitos lugares, em diferentes contextos. Percebi desde cedo que deveríamos ter mais líderes e menos chefes, líderes que inspiram, que despertam a vontade de fazer, de inovar, que agregam e promovem o crescimento profissional e pessoal. Por isso, a cada dia, procuro me desenvolver mais e fazer vários cursos. Diplomas têm peso, porém é preciso atitude e levar a teoria à prática. E nessa busca incansável pelo conhecimento, vejo que a inteligência emocional é a característica do profissional do futuro. Sem ela, não adiantam cursos ou diplomas.

Todo este aprendizado continua, mas, ao mesmo tempo, já me permite compartilhar lições que aprendi até aqui: *seja feliz, sob qualquer condição* (a primeira e maior lição da minha vida). Sua competência e seu esforço o levarão aonde você merece chegar. Mas para isso, *cultive o autoconhecimento* e *busque conhecimento*, este é o único bem que ninguém nunca tirará de você. *Tenha a leitura como hábito diário.* Pássaros têm asas; humanos, têm livros. *Fique ao lado de pessoas mais inteligentes que você.* Você é a média das cinco pessoas com quem mais convive. Observe com quem você compartilha a vida. *Ame a segunda--feira. Dê sempre o seu melhor* em tudo que você faça. *Seja você mesma*, não adianta vestir uma armadura que não seja a sua. *Faça muito networking*: participe de todos os grupos que tiver oportunidade. *Torne a gratidão um hábito diário. Pense positivo.* Não conheço ninguém de sucesso que seja negativo. E, que se dane a motivação, o que você precisa é de disciplina. *Seja cada dia 1% melhor* e faça ações sociais. *Cuide da sua saúde.* Sonhe grande e *acredite sempre em você*.

Mas, se eu tivesse que dar a maior lição de vida da Thayni, eu diria: *desaprenda* todos os dias, a todo momento. E como dizia Martha Medeiros, citada por Lopes (in ROMA, 2017): "hoje sei que dá para renascer várias vezes nessa mesma vida. Basta desaprender o receio de mudar!"

Além do meu propósito de humanizar a gestão, tenho outro muito forte em minha vida. Quando eu tinha 30 anos, com a partida do meu pai em 2013, descobri, no Brasil, o que era ser mulher, jovem e sucessora. Diante de tantas humilhações e preconceito, nasceu uma mulher querendo mudar a realidade de outras mulheres.

Não foi fácil escutar: "o Lussa só teve filha mulher? Que azar!"; "Mulher não serve para nada, só para sexo e lavar a roupa"; "Não adianta você ficar estudando um monte. Não vai servir para nada"; "Toda mulher é fraca demais"; "Mulher age com emoção e não com a razão"; "Como vai saber cuidar de uma criança se nem cozinhar sabe!"; "Você não acha estranho entrar aqui com essa barriga?" (quando eu estava grávida).

Em pleno ano de 2020, num evento em Santa Catarina, no qual estava presente o vice-presidente da república, General Mourão, fui barrada na porta: "me desculpa moça, mas aqui é só para empresários". Essas foram as frases mais leves que encontrei para registar o preconceito que já sofri, estrutural em nossa sociedade, e quando me perguntam se o machismo existe!? Sim, ele existe e fere, machuca, deixa profundas feridas. Ao mesmo tempo, impõe-nos que não sejamos vítimas, mas protagonistas das nossas histórias.

E se você também já escutou algumas dessas frases, procure virar a página, passar o obstáculo, desviar do que não lhe faz bem. O mundo muda o tempo todo e não vale a pena ficar preso à falta de humanidade. Por isso, sempre digo: nosso maior desafio é ser autor da própria vida.

Para mim, isso vem com os conhecimentos novos que sempre busco. Já fiz quatro diferentes tipos de *coaching* e posso afirmar que, em cada um, cresci uns dez anos. E nas experiências que nos levavam a expor nas redes sociais o que aprendíamos, percebi que pequenas atitudes mudam o mundo. E como mudam... Como faz o casal Iara e Dudu, os Caçadores de Bons Exemplos. Com eles, aprendi que amor e boas notícias se espalham e que o mundo tem muita gente do bem. Por isso, pergunto: que tal entrarmos para essa turma?

Ninguém nasce sozinho e vivemos em um mundo onde os padrões ditam a nossa história. Que tal você escolher os seus padrões? As suas inspirações? E seu modo de vida? Desde criança, fui estimulada pelos meus pais a fazer as minhas escolhas e não as escolhas que a sociedade faz por mim; o que fez uma diferença enorme na minha vida. Além disso, tive em minha vida importantes mulheres que me inspiraram, mas não há livros escritos sobre elas, nem placas de homenagem e não são reconhecidas como mulheres que mudaram o mundo. Todavia, mudaram o meu mundo: minha bisavó Magdalena, uma simples agricultura que tinha jornada dupla ao trabalhar na lavoura e cuidar dos filhos; minha avó, Irene, que ajudava meu avô a carregar às 4h da manhã um caminhão de tora, costurava e cuidava da casa e ainda me ensinou a sempre buscar por meus sonhos; e minha mãe, que me contou que eu tinha asas e poderia voar. Não esquecendo da minha filha, Maria Eduarda, que me ensina diariamente a função mais desafiadora do mundo: ser mãe. São mulheres que ajudaram e ajudam a mudar o mundo ao lado de Malala, Frida Kahlo, Chiquinha Gonzaga, Clarice Lispector, Maria da Penha...

Ninguém começa pelo topo, a diretora certamente um dia já foi estagiária; a professora um dia já foi aluna; a *chef* de cozinha um dia já foi ajudante; a jogadora um dia foi fã. Todos que você admira já foram iniciantes. O segredo é começar, ter paciência e iniciativa, ser protagonista e principalmente nunca desistir.

É possível travar uma guerra ou usar as armas da cooperação e do associativismo e transformar uma gota em um oceano. Quando eu aceitei o desafio de ser presidente da Associação Empresarial de Orleans (ACIO), sempre imaginei que eu estava ali com um único intuito de ajudar, mas certamente a pessoa mais ajudada fui eu. Ao assumir como presidente, sendo a primeira mulher, no extremo sul catarinense, a assumir essa posição, não imaginava que, dois anos após assumir, nos tornaríamos em tão pouco tempo um case em Santa Catarina, com cinco mulheres presidentes. E tudo isso não se deu sem o respeito junto aos homens: se não fosse Ubirajara Pickler, que também sofreu preconceito em indicar uma mulher para se tornar presidente, não estaríamos todas aqui, mostrando todo nosso amor ao associativismo e ao empreendedorismo do Sul. A igualdade de gêneros ainda tem um caminho longo para se efetivar – não só em nosso país como em todo o mundo –, por isso, temos que ter ao nosso lado grandes homens para ganhar essa guerra. E certamente meu maior incentivador é meu esposo, Ulisses Gabriel: um feminista de carteirinha.

E o que eu aprendi com tudo isso? Que cada mulher tem a sua história e enfrentar os preconceitos tão presentes em nossa sociedade, dando conta de tantos papéis e exigências, é prova de coragem. Coragem para ser pioneira, ousada, à frente do seu tempo; coragem para não se contaminar por quem não acredita em nós; coragem para enfrentar os desafios e dizer "não" ao que não traz felicidade; coragem para bancar as consequências das próprias escolhas; coragem para empreender e fazer o que for necessário. E como dizia Leila Regenold (in ROMA, 2017): "corra o risco. Se der certo, felicidade. Se não, sabedoria".

Por fim, tenha coragem para ser a protagonista do século XXI.

Referência

ROMA, Andreia; FERNANDES, Monica. (coord.). *Liderança feminina em ação: a sensibilidade e a intuição no comando.* 1 ed. São Paulo: Leader, 2017.

INOVAÇÃO

15

Quando a inovação, a empatia e a vontade de ser diferente a levam além

Foi com a sensibilidade de me colocar no lugar do outro e a vontade de estudar um mercado totalmente novo, que tive o *insight* de criar uma marca de Moda *Plus*. Aliei minha criatividade, percepção apurada à carência de mercado e à dor da falta de produtos de moda *plus* para jovens para dar a minha virada de chave.

Cazuza da Silva Pereira

Cazuza da Silva Pereira

Sou formada em Moda e Estilo pela UNESC (Universidade do Extremo Sul Catarinense) em parceria com SATC e SENAI. Concluí minha graduação em agosto de 2004. No mesmo ano, iniciei minha pós-graduação em Moda: Criação e Produção na UDESC (Universidade do Estado de Santa Catarina). Concluí em 2006. Iniciei minha vida profissional nessa área como auxiliar de estilo, atuo há 17 anos na área de confecção e, aos 26 anos, em 2007, me tornei empresária. Atualmente, sou sócia-proprietária da empresa Carmella.Cloo moda *plus size*, sou estilista responsável pela marca Rosa Camilo moda mulher. Sinto-me muito feliz em compartilhar com vocês minha trajetória de sucesso.

Contatos
cazuzapereira@hotmail.com
Instagram: @cazuzapereira
(48) 99908-4000

Neste momento, quero compartilhar com você um pouco da minha trajetória de vida rica em aprendizados e conquistas. Nasci na cidade de Gravataí no Rio grande do Sul e faço parte de uma família simples e batalhadora, por isso sou uma pessoa cheia de sonhos e com um coração enorme. Posso afirmar que sou uma leonina legítima, pois apresento todas as características desse signo e, principalmente, o espírito de liderança.

Lembro que, na escola, me envolvia em todos os projetos, bem como disputava para ser líder de turma. Na verdade, sempre me dediquei para ser a melhor aluna da classe, por isso me esforçava muito nos estudos. Dedicação é uma palavra muito importante na minha vida, pois acredito que ela é o combustível para conseguirmos atingir nossos objetivos. Então, você vai ler muito esse termo neste texto.

Outra palavra que pode me descrever é sonhadora, mas não sou daquelas pessoas que apenas sonham. Eu tenho muitos objetivos, bem como muita atitude para colocá-los em prática. Além disso, tenho uma vontade imensurável de vencer. Lembro que na infância queria ser famosa e amava a profissão de professora. Por isso, criei uma escolinha em casa para dar aulas às crianças do bairro. Sempre gostei de compartilhar experiências e ensinar teorias. Meu amor pelo ensino era tão grande que minha família acreditava que essa seria minha futura profissão.

Mas aos 12 anos, minha vida mudou drasticamente, quando meus pais resolveram morar em Santa Catarina. Recordo-me que no começo fiquei muito triste, principalmente pelos amigos e colegas de escola que tive que deixar para trás, bem como sentia falta da escolinha que ajudava as crianças do bairro. A nossa mudança aconteceu em um dia chuvoso e triste, mas meus pais buscavam melhorar nossa qualidade de vida. Hoje agradeço todos os dias a atitude deles, pois moramos em um lugar calmo e maravilhoso, onde fizemos novos amigos e novas escolhas. Você lembra da menina sonhadora que queria ser professora? Então, ela se tornou uma grande estilista, que é apaixonada pela sua profissão e conquistou muitas coisas por meio dela, aos quais vou compartilhar com vocês aqui.

Iniciei minha vida profissional aos 16 anos como vendedora em uma loja de calçados. Nesse trabalho conheci uma colega que era uma excelente profissional. Ela foi uma verdadeira professora para mim, pois me ensinou a atender corretamente os clientes. Não tenho medo de aprender, por isso com muita dedicação me tornei uma ótima vendedora. Posso afirmar que essa experiência me ajuda até hoje no dia a dia do trabalho.

Depois de três anos, chegou o momento de fazer o vestibular, lembro que na época meus pais não tinham condições financeiras para me ajudar nas despesas da faculdade, então guardei o dinheiro que recebia no trabalho. Eu ainda estava indecisa entre cursar moda ou enfermagem, mas quando fui acompanhar minha tia durante uma cirurgia percebi que meu lado sentimental não deixaria exercer muito bem as funções de uma enfermeira, por isso voltei para casa decidida a estudar moda.

Outro fator relevante para essa escolha foi meu histórico familiar, minha avó era costureira e lojista, inclusive até hoje com 75 anos ela ainda trabalha na loja, por isso é uma grande inspiração para mim. Já o meu pai queria ser alfaiate, mas o preconceito da época atrapalhou seus planos. Por fim, a cidade onde moro, Sombrio, pode ser considerada um polo de confecção. Recordo-me que quando falei que iria estudar moda as pessoas ficaram espantadas, pois as empresas da cidade eram familiares e não tinham o hábito de contratar estilistas. Posso afirmar que fui pioneira e abri caminho para outras excelentes profissionais que vieram depois.

Finalizei o curso em 2004, dois anos depois, fiz uma pós-graduação também na área de moda. Lembro que o meu trabalho de conclusão foi direcionado para o marketing, outra paixão na minha vida. O trabalho era sobre o estudo da campanha da Dove que tratava sobre a beleza da mulher real, que, por sua vez, representava uma posição contrária aos padrões de beleza impostos pelas outras campanhas veiculadas nas mídias. Essa experiência foi um divisor de águas na minha vida, pois a partir daquele momento decidi inovar e romper com os padrões para valorizar todas as mulheres independente do seu biotipo.

Em 2007, com apenas 25 anos, me tornei empresária e com essa mudança vieram as responsabilidades, pois as minhas atitudes e decisões poderiam impactar a vida de muitas famílias. Criei minha marca de moda junto com meu primo, lembro que vendíamos por meio de representantes, começamos pelo Sul do país e depois de algum tempo já tínhamos alcançado nove estados brasileiros. Infelizmente, na época da faculdade, aprendi muito conhecimento técnico sobre moda e nada sobre empreendedorismo. Então, passei muitas dificuldades para entender o funcionamento do meu negócio, mas como não sou uma pessoa que desiste fácil, me adaptei e três anos depois estávamos ampliando o nosso empreendimento para vender à pronta entrega em *shoppings* de atacado.

Mas, naquela época, além de empresária também atuava como estilista para outras marcas, inclusive uma delas também vendia à pronta entrega no atacado. Então, para não concorrer com ela e não criar uma situação desagradável, já que desenhava as roupas da marca, resolvi colocar em prática o propósito de vida que eu internalizei devido ao trabalho da pós-graduação, que era inovar e romper com os padrões de beleza impostos para todas as mulheres. Assim, nasceu a marca de moda *plus size* Carmella.cloo, que visa valorizar as curvas das mulheres brasileiras. Essa foi a concretização de um sonho, pois em cada etapa da minha trajetória profissional tento incentivar outras mulheres a inovar e virar a chave, caso seja necessário.

Nesse momento, a palavra dedicação volta a fazer sentido na minha vida, pois para colocar em prática o projeto dessa marca foi necessário muita dedicação e pesquisa. Não sou uma mulher *plus size*, então tive que ter muita empatia para me colocar no lugar das clientes e criar produtos que atendiam às suas necessidades. Penso que a dedicação e o foco nos projetos fazem muita diferença nos resultados, bem como eles estão intimamente relacionados com o tempo e o esforço que você dedica a eles.

Esse projeto, em especial, envolveu muita pesquisa, lembro que ouvi várias mulheres *plus* para identificar quais eram as suas necessidades. Durante o processo, percebi que elas sentiam muita dor e vergonha porque não conseguiam encontrar roupas com o tamanho adequado, bem como não recebiam um bom atendimento por parte das vendedoras. Nesse momento, a minha experiência como vendedora me ajudou muito a entender o que elas passavam nas lojas. Assim como consegui pensar em estratégias para melhorar os atendimentos visando a tratar as pessoas com mais carinho e dedicação durante as vendas.

Eu ainda escuto muitos relatos de preconceito, mas percebi que existem mais depoimentos de gratidão. Constantemente, recebo mensagens de agradecimento pelo meu trabalho no mercado *plus size*, pois tanto na criação das roupas quanto no atendimento eu transmito muita sensibilidade. Isso mudou minha vida e a minha maneira de pensar meu negócio, não foi sempre assim, eu levei anos para perceber o quanto o meu trabalho e a minha marca impactavam positivamente a vida das mulheres *plus*.

Em 2020, a marca Carmella.cloo está completando nove anos, confesso que me realizei profissionalmente quando percebi que minha marca cresceu e foi bem aceita pelas minhas clientes. Afinal, recebo o *feedback* de gratidão pelos produtos e pela maneira de agir frente ao mercado *plus*, isso é muito gratificante. Comprovei a importância da minha marca quando fui convidada por uma cliente muito especial para participar de um jantar para mulheres *plus*. Geralmente, tento manter um bom relacionamento com meus clientes, mas como são muitas atividades para fazer dentro de uma empresa de confecção, às vezes não conseguimos o tempo necessário para conviver com nossos clientes e acreditem isso faz muita diferença. Portanto, é muito importante que o gestor escute o *feedback* dos clientes para criar produtos que atendam realmente às suas expectativas.

Então, chegou o dia do jantar em Florianópolis, eu fui sem a menor pretensão, queria apenas prestigiar aquela cliente que era tão especial. Não sabia que aquele evento ia mudar a minha vida e a forma como eu pensava no meu trabalho. Naquele dia consegui perceber que a Carmella.cloo tinha um significado maior na vida das mulheres *plus*. Quando cheguei, me apresentei como representante da marca, não quis falar que era uma das sócias da empresa, muito menos que era responsável pelo desenvolvimento dos produtos. Mas levei brindes para sortear para aquelas mulheres maravilhosas. Durante o evento fiquei observando as pessoas, lembro que foi uma noite muito agradável onde escutei muitos depoimentos incríveis.

Confesso que algumas histórias me chocaram muito, recordo-me que uma mulher contou que não tinha aceitação da própria mãe porque estava acima do peso e fora dos padrões de beleza impostos pela sociedade. A mãe dela vivia mandando-a se submeter à cirurgia bariátrica, mas ela tinha medo de cirurgias. Escutei muitas histórias de superação e preconceito, mas também percebi que ali uma incentivava a outra na busca pelo amor próprio para vencer esses obstáculos. Por isso, tudo aquilo mexeu muito comigo.

Em seguida, começou o sorteio dos brindes da minha empresa, então percebi a energia e a vibração das mulheres esperando para ganhar uma das peças. Foi nesse momento que a minha "chave virou" e senti uma emoção maravilhosa, pois entendi que o meu propósito de vida estava sendo concretizado. Eu não vendia apenas roupas, vendia sonhos, realização e autoestima, ou seja, levava alegria para outras pessoas por meio dos meus produtos.

Hoje, posso afirmar que sou muito feliz e realizada com a minha profissão e o meu negócio, pois sei como meu trabalho ajuda outras mulheres. Por isso, todos os dias me desafio a fazer mais por elas, ou seja, tento levar mais mensagens de coragem para que elas possam vencer todos os preconceitos que a vida impõe. Tenho certeza que por nossas roupas podemos, sim, contribuir para melhorar a vida destas mulheres. Moda não é futilidade, moda é autoestima, representa força e coragem para estas mulheres, por isso eu amo fazer parte deste universo.

Com força, coragem e dedicação podemos mudar nossa vida e a vida de outras pessoas, sonhar grande e sonhar pequeno dá o mesmo trabalho, então convido você a sonhar grande como eu sonho, pois sei que ainda tenho muito que realizar na minha vida e na vida destas mulheres.

16

Liderança feminina e inovação: capacidade de inspirar pessoas e desenvolver líderes de alto impacto

Neste capítulo propõem-se reflexões sobre a liderança feminina na área de tecnologia, a exigência dos resultados positivos, inovação, comunicação assertiva e aprendizado contínuo para o desenvolvimento de líderes inspiracionais que valorizem a singularidade de seus liderados nos projetos e nas organizações.

Flaviana Maier de Oliveira

Flaviana Maier de Oliveira

Gerente de Projetos de Tecnologia com mais de 15 anos de experiência em Tecnologia da informação. Tem especialização em Gerenciamento de Projetos pela Pontifícia Universidade Católica do Paraná (PUC) e *Leadership* e *Coaching Certification* pela *Ohio University*. Passou por missões internacionais no Vale do Silício, atuando como Gerente de Projetos em empresas de tecnologia multinacionais e nacionais de grande porte. Gerenciou projetos como: Mastercard, Nokia, Pão de Açúcar, entre outros.

Contatos
flavianamaier@gmail.com
LinkedIn: www.linkedin.com/in/flavianam/
(41) 98821-2689

A ntes de começar a falar sobre liderança feminina preciso apresentar para você a minha mãe, uma mulher batalhadora que lecionava em três turnos em uma escola local, bem como trabalhou como diretora por muitos anos. Ela era uma professora muito exigente e durona, mas ao mesmo tempo, justa e carinhosa. Passei a maior parte da minha infância acompanhando o seu dia a dia estudando na mesma escola observando o seu comportamento, ela me chamava de chicletinho. Posso afirmar que minha mãe tem influência direta na criação do meu estilo de liderança, pois vejo muitos traços da personalidade dela presentes em mim, ela é a minha maior inspiração de liderança feminina.

Infelizmente, perdi minha mãe quando tinha treze anos, por isso minha adolescência não foi um período fácil. Nessa época, meu pai teve que assumir a criação de três crianças, eu, meu irmão e minha irmã. Ele era um homem simples que trabalhava como motorista de ônibus de uma empresa local. Nosso relacionamento não era muito fácil, pois ele tinha dificuldade de expressar seus sentimentos, então, não ficava abraçando ou demonstrando carinho.

Quando meu pai ficava bravo mudava o tom de voz, esse era o nosso termômetro, assim sabíamos quando fazer pedidos e ter conversas mais difíceis com ele. Menos de um ano após a morte da minha mãe, ele já estava curtindo a vida de viúvo. Confesso que eu tinha ciúmes, pois não entendia por que meu pai nos deixava sozinhos para sair com a namorada. Depois de anos, consegui compreender que ele era solteiro e bonito, então, tinha todo o direito de aproveitar a vida. E quem era eu para julgá-lo.

Minha mãe ficou doente durante muitos anos, por isso meu pai não conseguiu juntar dinheiro para investir em uma casa nova, somente depois que ela faleceu ele construiu uma casa com muito sacrifício, pois oferecer uma boa residência para os filhos era uma prioridade. Lembro que morei grande parte da minha infância na casa anterior, ela era tão velha que nós a chamávamos de Castelo de Grayskull, se você assistiu o desenho do *He-man*, provavelmente, sabe que esse é o nome do castelo do vilão esqueleto. Hoje nós rimos dessas lembranças boas e das histórias engraçadas que vivemos naquele castelo.

Após a construção da casa, meu pai juntou as economias de um ano de trabalho e comprou para mim e meu irmão um computador usado. Era um 486 Pentium 133 com Windows 98 considerado uma evolução para a época. Lembro que no dia que entregaram o computador em nossa casa estávamos muito ansiosos pelo brinquedo novo, pois ele era o resultado de uma disputa. Enquanto, meu irmão queria um videogame, eu desejava um computador. Então, meu pai decidiu comprar a minha opção, já que meu desempenho nos estudos era melhor.

Eu usava tanto aquele computador que depois de um tempo ele era somente meu. É a partir da história do meu primeiro computador que vou compartilhar com você minha trajetória pessoal e profissional. Anos depois, quando cheguei em Stanford para participar de um curso de imersão de negócios na área de tecnologia, me lembrei do dia em que ganhei aquele computador. Após uma aula incrível sobre inovação e tecnologia fomos visitar a Stanford Memorial Church, uma igreja que fica no centro do campus da universidade de Stanford.

Ao entrar naquela igreja fui tomada por um sentimento de gratidão, uma sensação que jamais esquecerei na minha vida, foi um momento único. Senti uma emoção tão grande que lágrimas rolaram pelo meu rosto, então, sentei-me em um banco e tentei apreciar cada detalhe daquele lugar lindo. Nesse momento, lembrei do meu pai e senti sua presença, era como se ele estivesse ali me dizendo: – Olha onde aquele computador fez você chegar menina, estou orgulhoso de você.

Toda a minha trajetória no mundo da tecnologia passou na minha cabeça como um filme e compreendi como aquele computador comprado com tanto esforço pelo meu pai tinha influenciado a minha vida. Foi um dia incrível, pois senti que meu pai estava presente naquela igreja comigo e isso me transmitiu muita paz. Infelizmente, perdi meu pai quando estava iniciando a minha carreira na área de tecnologia. Em um sábado lindo de maio, ele se foi como uma luz que se apaga, demorei anos para aceitar aquela morte estupida.

Aquele dia em Stanford foi tão incrível que demorei para dormir, tinha tantas ideias na cabeça que não percebi que já era madrugada na Califórnia. Me lembro que liguei para o meu irmão para relembrar o dia que ganhamos o computador, esse foi mais um momento de emoção naquele dia. Durante a conversa ele me disse que tinha muito orgulho de mim e que hoje ele compreendia que a decisão de comprar o computador foi a correta, pois foi por meio dele que consegui conquistar os meus sonhos.

Agora vamos voltar no tempo para contar sobre o meu primeiro emprego. Assim que ingressei na faculdade, procurei vagas de estágio e tive a sorte de ser aprovada no processo de seleção de uma grande multinacional francesa. Lembro que durante o processo fui entrevistada por um francês muito sério que tentava falar português, foi uma situação complicada, já que não compreendia todas as palavras que ele falava. Dessa forma, comecei a minha trajetória profissional na área técnica formatando computadores, assim como acontece com a maioria dos profissionais de tecnologia.

Após o período de estágio, fui efetivada como analista de suporte. Trabalhei três anos nessa empresa e posso afirmar que essa experiência abriu muitas portas na minha vida, pois tive contato com muitos profissionais de outros países que me inspiraram a conhecer outras culturas e idiomas, bem como construí grandes amizades que cultivo até hoje. Trabalhar na área de tecnologia me proporcionou a oportunidade de conhecer muitos lugares e pessoas diferentes.

Depois de alguns anos fiz a transição de carreira para a área de gestão, pois identifiquei que era mais feliz e realizada quando gerenciava projetos de tecnologia e equipes de diferentes segmentos. O meu maior desafio como gestora é liderar pessoas talentosas e conseguir extrair delas o melhor desempenho, eu sei que não existe uma fórmula mágica, mas acredito que posso fazer isso adotando as boas práticas que aprendi com outros líderes. Já trabalhei com muitos gestores, aqueles que considerava bons líderes tentei extrair as melhores práticas e experiências. Já aqueles que tinham um comportamento inadequado me ensinaram o que não fazer.

Posso afirmar que sou uma gestora que incentiva a liderança independente do gênero, pois compreendo que minhas ações podem impactar na criação de líderes multiplicadores, que, por sua vez, conseguem desenvolver um ambiente saudável que valoriza o indivíduo e a sua capacidade de inovar. Nesse sentido, procuro colocar em prática as características que todos os líderes precisam demonstrar, como, por exemplo, a honestidade, a visão de futuro, a inspiração e a competência.

Ser líder não é uma tarefa fácil, todos os dias aprendo com meus erros e acertos, bem como me esforço para saber lidar com as cobranças e julgamentos vivenciados no dia a dia. Por isso, acredito que um bom líder precisa filtrar todos os comentários emitidos pelos colaboradores de todos os níveis hierárquicos da empresa. Também é importante entender que a pessoa que ocupa uma posição de liderança tem que entregar os resultados esperados.

Sou uma líder executora que busca aplicar as melhores técnicas e metodologias para atingir os objetivos da empresa. Assim como acredito que a adoção de uma comunicação honesta e assertiva é a maneira mais eficiente para conseguir a confiança dos liderados. Dessa forma, é possível criar um relacionamento saudável entre os membros da equipe e, consequentemente conseguimos alcançar os objetivos da organização.

Já trabalhei em diversos projetos, mas lembro que um deles foi muito especial, naquela época gerenciava mais de cem pessoas, era um grupo composto por homens e mulheres com idades entre 20 e 40 anos. Normalmente, procurava diversificar os times, porém incentivava as mulheres a ocupar as posições de liderança. Sempre me esforcei para manter uma postura correta para servir de exemplo e inspiração para elas. Sei que essa é uma tarefa difícil e que envolve muita responsabilidade, mas saber que posso ser um modelo para outras mulheres, ou, ainda, ser considerada uma liderança inspiradora, me move todos os dias.

Acho muito importante incentivar as mulheres a ingressar no mundo da tecnologia, por isso sempre que posso converso com elas, peço que não tenham medo e acreditem na sua capacidade de inovar. Também enfatizo que é necessário investir constantemente em capacitação, pois profissionais atualizadas apresentam um diferencial competitivo diante do mercado de trabalho e, isso pode refletir positivamente na sua carreira.

Acredito que o líder de alto desempenho precisa correr riscos e encorajar seus liderados a fazerem o mesmo. Sabe quando sentimos aquela adrenalina que faz o coração acelerar ou aquele friozinho na barriga? É isso que os liderados precisam sentir quando estão sob a sua liderança. Para tanto, é necessário delegar as tarefas de maneira assertiva e criar um clima de sinergia entre os membros da equipe. Além disso, é papel do líder dar o suporte necessário para que os liderados consigam executar as suas tarefas, bem como autonomia para que eles possam tomar as melhores decisões.

Quando os liderados sentem o apoio do líder, ficam mais tranquilos para trabalhar, assim como começam a acreditar que têm a capacidade de resolver os problemas, caso seja necessário. Nesse sentido, o líder precisa aplicar estratégias de comunicação e escutatória, além de conhecer o perfil de cada um dos seus liderados para conseguir criar equipes de alta performance. Lembre-se que pequenas vitórias proporcionam insumos para grandes conquistas, por isso incentive a sua equipe a nunca desistir diante dos obstáculos que a vida impõe.

Agora, gostaria de compartilhar outro momento importante da minha vida, quando participei de uma imersão de negócios no Vale do Silício. Meu objetivo era aprender tudo sobre inovação, então, fui passar um tempo no lugar mais inovador do mundo. Lembro que, no avião, saindo do Brasil, estava ansiosa para aprender a pensar fora da caixa. A frase *think outside of the box* é um lema no Vale do Silício.

Naquela imersão, aprendi que pensar fora da caixa é algo simples, que é um exercício onde você precisa prestar atenção em tudo ao seu redor e pensar além daquilo que é racional ou lógico. Essa prática deve fazer parte da vida de qualquer líder, bem como ele precisa incentivar essa atitude nos seus liderados. Também é importante lembrar que os erros fazem parte do processo de inovação e que eles proporcionam muitos aprendizados.

Não sou a favor de romantizar a liderança, mas é necessário que as pessoas acreditem em você e no seu propósito, por isso o líder precisa amar aquilo que faz, bem como acreditar naquilo que está falando, assim as pessoas sentirão que é algo verdadeiro e passarão a segui-lo. As emoções podem transformar momentos comuns em algo memorável, os líderes precisam utilizá-las a seu favor.

Quando o líder compartilha dos mesmos ideais dos liderados a conexão entre eles acontece de maneira natural. Nesse sentido, para você ser considerado um líder de alta performance é preciso investir em estratégias para aumentar o nível de motivação das pessoas, bem como reforçar que elas podem fazer diferença no mundo. Lembre-se que a liderança está intimamente ligada à construção de um relacionamento saudável. Também é importante mencionar que os cargos de liderança não estão reservados apenas para homens e mulheres carismáticos. Liderança não tem a ver com gene ou herança, ela é um conjunto de habilidades que podem ser desenvolvidas em qualquer pessoa.

Para finalizar gostaria de compartilhar outra lembrança importante da minha vida, que aconteceu em 2019 durante uma formação na universidade de Ohio nos Estados Unidos, onde presenciei aulas maravilhosas e inspiradoras com professores renomados na área de gestão estratégica e liderança. Em uma dessas aulas um professor perguntou: – por que você acorda na segunda-feira de manhã? Minha resposta é simples e ela veio dos lugares mais improváveis em que escuto meu coração. Amo correr e, durante essas corridas solitárias, busco refletir sobre os acontecimentos do dia a dia. Foi correndo que percebi que quero viver e trabalhar com aquilo que atenda a minha missão de vida e aos meus valores. Quero trabalhar com clientes que sei que estão alinhados com meu objetivo.

Então, a minha resposta para a pergunta do professor é que eu acordo toda segunda-feira de manhã para ajudar outras pessoas, essa é a minha missão de vida.

Referências

KOUZES & POSNER: *The leadership challenge.* Fourth Edition, James M. Kouzes, Barry Z.Posner, Jonh Wiley & Sons, Inc.
LEIDER, Richard J. *The power of purpose, Berret.* Koehler publishers, Inc, San Francisco.

17

Inovar é para todos: um modelo de educação tecnológica

Você já parou para pensar por que grandes nomes da tecnologia, como Bill Gates ou Steve Jobs, são considerados inovadores tecnológicos e grandes empresários? Será que você tem alguma semelhança com eles? A ideia deste artigo é que possamos estabelecer um diálogo que motive a reflexão sobre sua relação com a tecnologia e de como ela pode ser a mola propulsora para você ir ao encontro do seu sucesso.

Gracielle Paris

Gracielle Paris

Sou uma pessoa apaixonada pelo desenvolvimento humano, que viu na educação um meio de potencializar e criar soluções para contribuir com a humanidade, o que eu gosto de chamar de tecnologia. Sou Pedagoga e tenho experiência de 20 anos com crianças de 3 a 15 anos e professores. Atualmente, sócia e co-fundadora de uma editora especializada em desenvolvimento de material didático na área de educação tecnológica, utilizo um conceito de tecnologia que vai além do recurso como premissa para minhas práticas. Fui convidada a compartilhar um pouco desta minha experiência e de como utilizo a tecnologia para desenvolver habilidades e competências. A ideia é construir, ao longo do texto, um diálogo que possa motivá-los a uma ação de reflexão sobre sua relação com a tecnologia e de como ela pode ser a mola propulsora para você ir ao encontro do seu sucesso.

Contatos
gracy.p@gmail.com
Instagram: @gracyparis
(47) 98878-1202

Muitas pessoas me perguntam: "como você se tornou uma empreendedora de sucesso?" Para responder é preciso contar um pouco sobre quem sou e como cheguei até aqui. Venho de uma família muito humilde, que não teve estudo para além do ensino fundamental, mas que tem os valores de contribuição, honestidade e trabalho como condutores de vida. Desde muito cedo, ainda criança estudante, tive "facilidade" em aprender, principalmente coisas que eram completamente novas. A cada novo desafio e conhecimento que se apresentava a mim, meu coração e olhos se enchiam de entusiasmo. Ainda assim, naquele tempo, jamais passou pela minha cabeça um dia me tornar professora.

O início da minha carreira profissional foi marcado por algumas tentativas de encontrar aquele entusiasmo que vem do coração, que vem de dentro para fora e faz meus olhos brilharem e minha alma se encher de orgulho e felicidade.

Meu primeiro emprego, aos 14 anos, foi como secretária em um escritório de representação. Com dois representantes e eu, o escritório ficava quase sempre comigo e o telefone, que nem sempre tocava. Eu quase não tinha contato com pessoas e isso me fez sentir um incomodo. Após alguns meses, fui trabalhar como vendedora em uma loja. Gostava da interação com o público, mas algo ainda me deixava inquieta. Eu sentia que podia fazer mais e, principalmente, contribuir mais.

Como gostava muito de computadores e de tudo o que envolvia esse mundo, comecei ajudar as pessoas que trabalhavam comigo a usar estas inovações, que começavam a chegar com força em todos os segmentos. Em menos de um ano, comecei a trabalhar na área administrativa de um centro de tecnologia, uma incubadora de empresas que estavam iniciando na área de tecnologia (hoje chamadas de *startup*). Foi lá que descobri minha primeira paixão: a tecnologia.

Alguns meses depois comecei a trabalhar em uma empresa que era responsável pelo sistema e suporte em tecnologia da área de vendas de uma das maiores empresas têxteis do Brasil. Eu não tinha experiência, mas tinha algo muito maior: a vontade de aprender. Essa vontade me fez estudar muito, me dedicar e persistir. Em poucos meses eu já era referência na equipe e comecei a dar treinamentos para profissionais de vendas da empresa. Em seguida, fui convidada a dar aulas de informática para iniciantes e, por consequência, conforme o tempo e meus estudos evoluíam, comecei a dar treinamentos avançados de alguns *softwares*. Ainda na empresa de tecnologia e treinamentos, fui convidada a fazer parte de um projeto dentro de uma escola. Mais uma vez, mesmo sem ter experiência, minha sede por aprender e contribuir falou mais alto e aceitei o desafio.

A descoberta da educação

O projeto dentro da escola não tinha o objetivo de ensinar informática e sim utilizá-la como ferramenta para ajudar na aprendizagem dos estudantes do ensino básico. Toda semana, me reunia com os professores da escola para entender quais eram as necessidades de ensino e aprendizagem e, a partir disso, criava soluções que contribuíssem nesse processo. Mas, além de criar as soluções eu também aplicava as aulas e essa era a parte mais desafiadora, porque nunca tinha trabalhado com crianças. A essa altura eu até já tinha descoberto que adorava ensinar, mas para adultos.

Os primeiros meses do projeto foram extremamente desafiadores e muitas vezes pensei em desistir, dizendo a mim mesma que eu não gostava de crianças e que não era isso que queria para minha vida. Mas algo me dizia que eu deveria experimentar, pois existia alguma coisa ali que tocava meu coração.

Foi quando me permiti sentir é que percebi, por meio do olhar das crianças, quando conseguiam realizar, aprender, entender e compreender algo que antes não sabiam é que descobri o verdadeiro poder da educação. Eu percebi que elas sentiam a mesma coisa que eu sentia ao descobrir algo novo e que eu poderia ajudá-las a sentir isso cada vez que apresentasse um desafio, um conhecimento, uma ferramenta que contribuísse com o seu desenvolvimento.

Vi que é por meio da educação que as pessoas se empoderam, se sentem pertencentes e evoluem, que é por meio da educação que a humanidade evolui, pois se utiliza de tudo que aprende para aprender mais e resolver seus problemas. Descobri na educação a minha verdadeira missão pautada nos meus valores, em especial, o da contribuição.

A união: tecnologia e educação

A grande maioria das pessoas enxerga a tecnologia como algo "difícil". Mas, por quê? Talvez porque associamos a tecnologia ao novo e a relação que o ser humano tem com a ideia do novo pode trazer ansiedade e medo gerando assim, por consequência, resistência a tecnologia. Fomos educados a seguir e repetir padrões preexistentes, sem uma participação ativa nos processos de construção da sociedade, nos tornando consumidores de tecnologia e não construtores. Com isso, como não participamos do processo de construção, podemos gerar uma certa dificuldade em significar e estabelecer sentido, gerando assim falta de compreensão e afastamento "do novo", da tecnologia.

E se eu disser a vocês que o novo representa a capacidade humana de criar, construir e inventar? A tecnologia seria então o resultado de todo esse potencial extraordinário que todos nós possuímos e que utilizamos para resolver nossos desafios e alcançar nossos objetivos. A tecnologia empodera ao mesmo tempo que é o próprio poder do ser humano.

Pense comigo: qual o impacto pessoal ou profissional que a internet causou na sua vida? Quando você aprendeu como ela funciona? E o que você foi capaz de realizar, fazer, criar e construir a partir deste conhecimento? Agora, pare e pense mais um pouco: quantas pessoas no mundo ainda não têm acesso a saneamento básico, água potável e educação? O que fariam se tivessem acesso? O que mudaria na vida delas se tivessem acesso a todas essas tecnologias? Afinal de contas, tudo isso é tecnologia. Tecnologia nada mais é do que, literalmente, tudo o que o homem cria para resolver seus problemas e melhorar a sua condição humana.

Foram com essas reflexões que após um ano no projeto dentro da escola eu tive um *insight*: e se eu unisse o poder da tecnologia com o poder da educação? Eu conseguiria contribuir com a humanidade ajudando as pessoas a encontrar seus próprios poderes de inovar.

Mas, para que a união da tecnologia e educação pudesse acontecer eu teria, mais uma vez, que estudar, estudar sobre o mundo da educação, sobre como as pessoas aprendem, como as crianças e adolescentes aprendem e quais eram os objetivos educacionais do sistema de ensino. Foi quando decidi fazer minha primeira graduação: Pedagogia.

Pedagoga empreendedora

Após dois anos cursando Pedagogia e trabalhando com tecnologias educacionais via que a informática ainda chegava de forma tímida dentro das escolas. As escolas tinham muitas dúvidas sobre os investimentos que precisavam ser feitos, visto que os equipamentos eram ainda bastante caros e não existia mão de obra especializada, bem como um plano definido com os objetivos destes recursos.

O que pensei, então, é que eu poderia entregar às escolas o pacote completo: equipamentos, mão de obra e planos de aulas com as propostas de atividades relacionadas aos objetivos pedagógicos de cada escola. E aos 25 anos, decidi abrir minha primeira empresa aonde eu criaria experiências de aprendizagens usando as mais diversas ferramentas tecnológicas disponíveis para que professores e estudantes alcançassem seus objetivos.

Até aqui, uma excelente ideia, só tinha um detalhe: a mão de obra era a minha mesma, pois naquele momento eu já tinha cinco anos de experiência em treinamento com tecnologias e mais três anos de experiência com tecnologia dentro da escola. O que eu não tinha era o dinheiro para investir nos equipamentos. Mas, eu continuava tendo algo que eu acredito que todo empreendedor tem, determinação e mais, mesmo que na época eu ainda não soubesse, eu tinha um propósito, um propósito sistêmico, um propósito que iria para além de mim mesma. Hoje sei que quando se tem um propósito assim, o universo encontra formas para que ele se realize.

Em uma conversa informal com um grupo de amigos, aonde eu falava dos meus "sonhos", o pai de um deles se ofereceu para me emprestar o que eu precisava para iniciar a minha primeira escola cliente. Em seis meses eu paguei o "empréstimo" e nunca mais parei de buscar e investir em ferramentas que me ajudassem a contribuir cada vez mais com a educação.

Em 2009, fui apresentada a uma ferramenta que mudaria ainda mais minha visão de educação e tecnologia. Fui convidada por uma escola que conhecia meu trabalho, para executar um projeto novo que envolvia um recurso tecnológico no qual a escola tinha investido, mas não estava conseguindo utilizá-lo de forma associada ao projeto político pedagógico, ou seja, com os objetivos educacionais que a escola tem. A ferramenta era: robótica.

Quando a coordenadora me apresentou os equipamentos e materiais didáticos relacionados a essa tal "robótica", eu disse: "eu não faço a menor ideia do que seja isso, nunca ouvi falar". Ela me respondeu: "não tenho dúvidas que você aprenderá e conseguirá trazer o sentido que precisamos para essa ferramenta."

A essa altura, como vocês já devem imaginar, eu olhei para "aquilo tudo" e meus olhos e coração se encheram de entusiasmo e empolgação, pois era a resposta que eu precisava para seguir em frente. Passei os quatro anos seguintes estudando, aprendendo, experimentando, testando, criando e (re)criando. Trabalhei da educação infantil ao ensino médio, buscando usar a robótica das mais diferentes formas, foi quando recebi um convite da empresa que desenvolvia material didático com a robótica, para ser consultora pedagógica nas escolas da minha região. Assim, comecei a ter contato com as mais diferentes realidades, de instituições a professores, de estudantes a famílias. Isso me fez ter uma visão ainda mais ampla da educação e a certeza de que eu estava no caminho da minha missão.

Após seis anos trabalhando com a robótica, algumas perguntas começaram a surgir. Como eu poderia contribuir ainda mais usando os meus conhecimentos e minha experiência? Como poderia alcançar ainda mais estudantes, professores e escolas para que eles tivessem acesso a essa educação?

Construir o meu próprio material didático utilizando a robótica como ferramenta de empoderamento humano, usando a tecnologia como meio e fim, foi a resposta que veio!

Educação tecnológica: o que é?

Compartilho com vocês um fragmento da minha vida pessoal para explicar este conceito de educação no qual trabalho até hoje.

Em 2013, meu casamento chegou ao fim. Por questões de ordem "legal" eu saí de casa, sem um centavo no bolso, com crédito comprometido, um filho de quatro anos e a retomada da vida profissional. Fui morar de aluguel em um apartamento de dois quartos, dormia em um colchão no chão e comia na mesa de um dos personagens preferidos do meu filho na época. Saí do casamento com a sensação de que eu não fui suficiente, não "dei conta" de ter uma família e por isso me sentia inútil (para quem tem o senso de contribuição como valor norteador de vida, essa é uma dor insuportável). Então, foquei naquilo que eu sabia que era boa: trabalhar. Um ano depois, quitei todas a minhas dívidas e, no ano seguinte, comecei a construir meu próprio material didático baseado em práticas e experiências focados em desenvolvimento de habilidade e competências, me associando a três pessoas com capital para abrir uma editora. Escrevi livros e mais livros e iniciei um processo de formação de professores para que mais estudantes tivessem acesso a esse tipo de educação. Hoje, tenho mais de 40 livros didáticos publicados, distribuídos para mais de 40 mil estudantes pelo Brasil, em diferentes estados. Trabalho com produção de conteúdo e gerencio uma equipe de alta *performance* para resultados; sou sócia cofundadora de uma empresa que vale milhões.

O que aprendi com isso? Que toda dor gera uma força que não acreditamos inicialmente ter e que qualquer ser humano pode realizar o que quiser, desde que se proponha a fazer o que precisa ser feito. Que problemas são oportunidades para que possamos evoluir e nos tornarmos pessoas melhores. Que os desafios não servem para paralisar e sim seguir em frente, usando os recursos que temos para criar soluções e novas tecnologias.

Se Bill Gates ou Steve Jobs, ou até mesmo Nelson Mandela ou Madre Teresa de Calcutá, tivessem paralisado nos desafios que encontraram durante sua jornada, será que tudo o que construíram e que conhecemos hoje em relação a eles teria realmente acontecido?

Eu acredito verdadeiramente que, para termos um *mindset* inovador, capaz de buscar e criar soluções é preciso educarmos a mente para entender o porquê e para que fazemos o que fazemos. Uma educação que oportunize a todos experiências pautadas em resolução de problemas, utilizando todos os recursos, como todo conhecimento já desenvolvido pela humanidade, para construir novos caminhos, novas formas e novas tecnologias.

Por quê? Porque inovar é para todos!

18

Inovação na comunicação: como uma simples ideia gerou um grande impacto no crescimento da Butiá Digital

Neste capítulo, eu vou descrever o meu cenário dos primeiros três anos à frente da Butiá Digital. Interessante como uma simples troca de comunicação transformou a Butiá Digital numa das agências mais procuradas de Santa Catarina, e que acabou virando *case* de sucesso do BNDES à nível nacional.

Juliana Serafim

Juliana Serafim

É fundadora e CEO da Butiá Digital. Desde 2011, tem ajudado clientes a conquistarem grandes resultados por meio do marketing digital. É idealizadora dos métodos "Segredo da Butiá" e "Novo Universo Butiá Digital", que conta com cursos *online* de Planejamento, Marketing e Publicidade. Atua como Mentora e Consultora de Marketing Digital e possui mais de 20 anos de experiência na área de Marketing. Em 2017, teve sua empresa, Butiá Digital, premiada como *case* de sucesso Nacional do BNDES. Em 2018, lançou a obra *Marketing – Manual dos 5 passos de como montar um planejamento estratégico de marketing e peças publicitárias com aplicação do neuromarketing*; em 2019, *Plano de Marketing para as Redes Sociais em 8 passos* e, em 2020, *Funil de Vendas – como vender no automático*.

Contatos
www.julianaserafim.com.br
www.butia.com.br
livro@julianaserafim.com.br
Facebook: @osegredodabutia
Instagram: @juliana._.serafim

Olá, sou Juliana Serafim e estou feliz de ter você aqui lendo a minha história sobre inovação. Já dando um *spoiler* do meu capítulo, você já pode estar inovando e nem sabe.

Tudo tem um início, tudo tem um querer, e quando você quer algo e coloca como meta, você alcança.

Então, já dou o alerta aqui para que você nunca meça o sucesso dos outros com a sua régua. Cada um tem um estágio, cada um tem uma vida, mas todos que querem algo e fazem ações para alcançar, conseguem alcançar cada um no seu tempo certo.

Claro que eu gostaria de ter sido mais rápida em várias escolhas, mas sempre procurei ser a melhor versão minha em cada período, e o que posso dizer é que agradeço a mim mesma por ter cometido diversas falhas. Foram elas que me trouxeram aqui, e pasmem, pois foram mais do que os acertos.

Com isso você vai fazendo escolhas.

Convido você a fazer a escolha certa, conhecer história de mulheres que erraram muito e também acertaram, para que assim, você encontre algo em comum e que isso a ajude na sua jornada.

Esta é a minha história com o empreendedorismo e a inovação.

Início no empreendedorismo

Para mim existem três tipos de empreendedorismo: por necessidade, por oportunidade e por paixão.

Comecei com o empreendedorismo por paixão, pois sempre gostei de publicidade, marketing, criatividade e o meu grande sonho era ter uma agência de publicidade reconhecida por resultados e pela criatividade.

Então, sempre me envolvia com tudo que tivesse relacionado a esses assuntos.

Meu pai tinha uma pequena gráfica e me colocou para trabalhar muito cedo, e já naquela época eu mexia com programas de design gráfico. Lembro que usei a primeira versão do *Corel Draw*, que hoje já está em sua versão 21!

Sempre gostei de novidade, de aprender algo novo e é claro que puxei ao meu pai. Ele também vê as coisas na frente, pois enquanto todo mundo estava no modelo de gráfica antiga, ele já estava de olho na tecnologia. Acho que ele foi um dos primeiros a usar *software* de criação em nossa cidade.

Cheguei a ver ele 'amassar' os dedos naquelas máquinas antigas de tipografia e sair com os dedos impressos. Montar panfleto de letrinha por letrinha era um processo trabalhoso, e no final não era tão valorizada a habilidade de profissional gráfico.

Com a modernidade, tudo acelerou, mas ainda a valorização não era muito boa.

Eu estudava em colégio particular bem próximo de casa, porque minha vó fazia as roupas das freiras. Só tenho a agradecer minha vó Maria que acreditou em mim e me deu essa oportunidade. Nunca fui boa no colégio, não gostava de estudar pois havia algumas decorebas. Até hoje não sou boa em decorar nada. Nem me lembro o que almocei ontem! Lembro bem de uma professora de química, que me disse que eu não ia ser ninguém na vida. Ouvi aquilo e guardei na memória como um aprendizado, pois posso não ser ninguém na vida de muitas pessoas, mas sou alguém na minha. Tudo é uma questão de ponto de vista.

Esse episódio me fez perceber até hoje que não me deixo abater por críticas no meu caminho. Quando por exemplo, tentam depreciar algo com relação à ousadia que tenho, ou alguma novidade que eu possa estar apostando, gosto de relembrar uma citação do Leandro Karnal: "ofensa é veneno e só funciona se eu tomar".

Voltando à história...

Mas daí você pensa: o pai dela era empresário, e como é que não tem dinheiro para pagar um colégio particular? Aí entra a parte da vida me dizendo que sendo empresário e empreendedor não quer dizer que você tenha dinheiro.

E essa foi uma das minhas primeiras lições sobre empreendedorismo, pois você vai trabalhar o dobro e, por inúmeras vezes, não será valorizado e não terá muito dinheiro para usufruir. Triste realidade para quem empreende.

Daqui a pouco voltarei nesse assunto para mostrar qual foi a minha ideia inovadora que transformou a minha vida e a da minha empresa.

Universidade

Na minha primeira faculdade, a de publicidade, me envolvia com tudo da minha área, e como não tinha experiência, atuava de graça em diversas atividades.

"Juliana, domingo à noite vou bater umas fotos, queres vir me ajudar?"

"Juliana, às cinco da manhã vou precisar de gente para ajudar na gravação de um comercial com o sol nascendo."

Eu entrava em tudo e a verdade é que sempre fiz amizades fácil demais. Sempre confiei nas pessoas e, até hoje, por mais que já tenha levado várias rasteiras, com o tempo você vai entendendo que para tudo existem vários lados, o seu, o meu e o que realmente aconteceu. Mas vale a pena arriscar, para a gente aprender e crescer. Tudo é aprendizado.

Como na escola, na universidade também não foi muito diferente. Nunca fui uma das melhores, mas gostava mais de estudar porque eram assuntos que me interessavam, mas ainda odiava decorar. Lembre-se que já falei que não sei o que almocei ontem, certo?

Sempre fui curiosa, então precisava aprender o mais rápido possível uma coisa, para depois aprender outra, e outra e assim por diante. Pulei de universidade em universidade porque também queria conhecer outras opções de ensino, e no total foram 4. E formação? Apenas em uma. Na verdade, me formei mais por pressão em ter um diploma. Não quero incentivar ninguém aqui a parar a faculdade, mas para mim, com e sem é a mesma coisa, justamente por estar aprendendo o tempo todo.

A vida real é muito diferente da sala de aula. É por isso que me dediquei a aprender com quem estava na ativa, por meio de muitos cursos on-line com profissionais da área. Tudo que leio e aprendo, testo comigo e vejo se vai ajudar algum cliente, pois é o que acaba fazendo a diferença para os que atendemos na minha empresa.

Isso pra mim é vida real, ou seja, é resultado a todo momento que eu busco. Na teoria tudo é lindo e tudo funciona.

Você também vai ver isso ao longo desta história empreendedora, que inovação, não é decoreba.

Minha primeira empresa

Como me envolvia com tudo, tinha aprendido como funcionava todos os setores de agências, o que cada um fazia, e então, foi aí que finalmente abri minha primeira "agência". Na verdade, era uma "EUgência". Era um sonho se tornando realidade, mas também havia pesadelo no meio...

Eu atendia o telefone, cobrava, desenhava, mandava para impressão e para os veículos de mídia... enfim, tudo que vocês possam imaginar. Não era fácil, mas o que na vida é fácil?

Comecei em casa e não demorou muito tempo para conseguir alugar uma sala.

Nessa época, já namorava o Santiago e ele me deu muito apoio. Ele tinha uma academia e passava quase o dia todo lá, também fazendo de tudo um pouco, e conforme ia passando o tempo, fui precisando de ajuda. O Santiago, para quem não sabe, é meu marido, e estamos juntos há quase 15 anos.

Logo no início, consegui contratar um estagiário e nunca me esqueço que ofereci uma bolsa baixa, mas era o que eu conseguia pagar. Recebi vários e-mails de estudantes dizendo que era um absurdo o valor, mas como sempre trabalhei de graça, na minha cabeça, receber um valor para ajudar e aprender era melhor do que nada.

Com o tempo, aprendi também que cada um tem os seus valores e suas percepções de mundo, e nessa época eu não tinha essa visão, por isso fiquei meio chateada.

Passado um período, fui conseguindo pagar melhor também, aí comecei a entender que a cada salário pago, praticamente ia outro para o governo. E muito funcionário não sabe disso, pois nós não pagamos só o que eles recebem, pois existem várias incidências sobre ele..., enfim, quem empreende no Brasil é um baita guerreiro.

Vou dedicar esse parágrafo para você, que está lendo e é empreendedor(a). Sinta-se aplaudido(a).

Finalmente, a Butiá Digital

Passando de *freelancer* para a minha primeira empresa, a Oficina do **Designer**, e indo para a Butiá Digital.

Na verdade, a Oficina do Designer não acabou do nada, mas sim porque eu passava muito tempo soletrando *DESIGNER*, pois ninguém escrevia certo na época e os e-mails não vinham, fazendo com que eu perdesse tempo nisso.

Todo mundo espera histórias épicas de pesquisa ou de luz do universo para encontrar um nome de empresa ou um propósito. Claro que existe esse tipo de coisa para algumas pessoas, mas comigo as coisas são mais claras e também simplesmente porque eu tenho uma visão mais objetiva da vida.

O nome da Butiá Digital veio quando cheguei em casa em um dia normal e minha mãe tinha acabado de chegar de Laguna, da casa da vó, e lá estava ela lavando butiá que colheu na praia do Gravatá.

Para quem não sabe o que é butiá, é uma fruta nativa aqui do Sul e ela nasce no verão, entre fevereiro e março. É bem saborosa e muitas pessoas usam para fazer picolé, suco, cachaça e doce.

Então, olhando minha mãe lavando o butiá, pensei: "tá aí, butiá!".

Começou como Butiá Publicidade, e passamos de um simples birô de criação para uma empresa de publicidade que agenciava mídias para as empresas.

Lembro que comecei no *marketing* digital quando o Facebook estava começando, então nem todo mundo via ele com uma ferramenta de vendas.

Pouco antes do Facebook, quando ainda existia o 'falecido' Orkut, eu sabia fazer *gif*, então sabe aqueles *gifs* de 'bom dia' que brilhavam e piscavam? Poderia ter sido uma criação minha!

Voltando ao marketing no Facebook, me lembro de ter que ficar convencendo os clientes que era bom para eles também. Como tudo dependia de mim, ficava cansativo cuidar sozinha, e foi aí que meu marido deixou a parte dele na academia para o irmão, e começou a trabalhar comigo nas minhas ideias. E está aqui até hoje.

Começamos a contratar pessoas para podermos captar clientes, pois uma negociação demorava muito, até o cliente confiar que o marketing digital era bom para o seu negócio. Era muito mais fácil fazer vendas pontuais, como panfletos, *outdoor* etc.

Vender gestão para redes sociais era bem complicado, mas era o que promovia faturamento corrente para a agência nova. Estávamos crescendo, mas não tinha a estabilidade financeira que eu queria.

Minhas redes sociais na época eram simples, mas eram avançadas para quem não fazia nada, pois tirávamos fotos de serviços que eram feitos para os clientes, igual ao que todo mundo faz ainda hoje. Só que hoje está mais popularizado ainda.

Eu estava procurando um jeito de me destacar. Era só mais uma em meio a muitas outras agências na cidade, e com quase todas há mais de 20 anos atuando no mercado.

E eu pensando: "o que posso fazer de diferente em que eu ganhe visibilidade e que minhas vendas não sejam tão difíceis e demoradas?"

O que você faria no meu lugar? Como inovar na comunicação se eu só conhecia aquilo que todas as agências faziam? Como inovar quando todo mundo faz tudo igual?

A simples ideia que mudou tudo!

Um dia estava olhando aquelas festas malucas, as *raves*, em que as pessoas jogavam pó colorido umas nas outras, e aquilo me deu um *insight*, pois sempre fui do colorido e me maravilho quando vejo campanhas com muitas cores.

Lembro que mostrei para o meu marido, e aquele olhar dele já dizia tudo: 'lá vem loucura'!

Foi quando do nada me veio na cabeça, "já sei!".

"Vou comprar esses pós coloridos e vou fazer um ensaio fotográfico com a equipe da Butiá", que naquela época contava com meia dúzia de pessoas.

Então levei a ideia para equipe. Todo mundo que ouvia achava a ideia doida e legal ao mesmo tempo. Nunca tinha visto na minha área nenhuma agência que colocasse a equipe em campanhas. Apenas via atores ou imagens compradas para as campanhas.

Então os olhos dos colaboradores na época brilhavam quando eles mesmos estavam arrumando suas fotos, criando suas frases, para que a campanha acontecesse.

Nunca me esqueço de uma fala de um dos membros da equipe: "sempre arrumei foto de clientes, sempre deixei eles bonitos, agora estou me arrumando para uma campanha. Nunca imaginei que teria isso".

Fiz o contato com uma empresa que vendia pó colorido de festa em Florianópolis e o próprio dono nos chamou lá e nos deu de graça o pó, em troca da divulgação da empresa dele.

A ideia foi criando força, sendo que no começo investi mais nas redes sociais, mas foi tão bom o retorno que acabei investindo em outras mídias.

Não demorou muito para que o nosso telefone e nossa caixa de e-mails fervessem, pois além de clientes procurando, muitos jovens querendo trabalhar na empresa também faziam contato todos os dias.

Tive crítica? É claro! Meus concorrentes até hoje falam mal de mim, mas eu penso assim, se estou vendendo e crescendo, quem está errado? E outra coisa, ninguém joga pedra em árvore que não dá fruto, não é mesmo?

Depois disso, continuei por alguns anos nessa pegada de colocar a equipe nas campanhas, e a tendência já estava criada! Já não era mais um diferencial.

O que tiro de aprendizado disso tudo é que as coisas geralmente estão na nossa frente, e a gente é que pode não estar vendo. Eu estava com um problema para atrair clientes, e apareceu algo fora da minha área, ou seja, pó colorido. Adaptei uma coisa de um ramo diferente do nosso para o nosso ramo. Abra sua cabeça para o novo, para o lado, para outras coisas ao seu redor.

Permita-se pensar diferente.

19

Do micro ao macroevento: inovação, superação e transformação de vidas pela dança

Este artigo trata da trajetória da autora em busca de fomentar a dança no estado de Santa Catarina, como gestora esportiva na FESPORTE. Sua missão é levar o palco de dança para diversos alunos de escolas públicas e privadas do estado, possibilitando a construção da cidadania na dança.

Mapi Cravo

Mapi Cravo

Doutoranda na FMH Lisboa/Portugal, Graduada em Artes Plásticas pela UDESC, Especialista em Metodologia do Ensino das Técnicas Teatrais: Formação do Ator e em Dança Cênica pela UDESC. Foi professora na UDESC, UNIPLAC e UNOPAR. Palestrou no circuito de palestrantes da PUC/SP com "Corpos que falam". Pesquisadora de dança e moda, coreógrafa e *performer*. Coreógrafa selecionada no *American Dance Festival*, no Programa ICR International Choreografers in Residence (2002), nos EUA. No mesmo evento, palestrou sobre o figurino como pele do *perfomer*. Atualmente, é Diretora Cênica e Coordenadora do maior festival escolar do Estado de Santa Catarina, "Festival Escolar de Dança Catarina", em itinerância desde 2004 pela FESPORTE. Coreógrafa premiada campeã (2008) e terceiro lugar (2009) da comissão de frente da Escola de Samba Embaixada Copa Lord, em Florianópolis/SC. Funcionária premiada pelo governo catarinense com a medalha do Mérito Funcional "Alice Guilhon Gonzaga Petrelli", 2013. Condecorada como Embaixadora para Paz (FPU, 2018).

Contatos
mapicravo@yahoo.com.br
Facebook: mapicravo
Instagram: @mapicravo
LinkedIn: Mapi Cravo Silveira
(48) 99114-7890

É impressionante que não imaginamos o que a vida nos reserva nem como somos conduzidos pela linha chamada destino para realizar uma missão de vida. Não nos damos conta para onde estamos indo, mas acredito que, quando assumimos esse corpo mortal, antes de vir para esse mundo, escolhemos uma missão para desenvolver nesse planeta chamado Terra.

Para falar do que faço, preciso falar do que sou feita, do que me constituiu daquela garota que superou todos seus desafios, para chegar aonde chegou. O meu com certeza foi o caminho das artes, não sabia o quanto, quando pequena, que a arte poderia transformar vidas, assim como aconteceu com a minha.

Desde pequena, foi constatado um problema estrutural nas minhas pernas, já que meus pés eram apontados para dentro.

Cresceu essa criança com certa habilidade motora comprometida. Desde pequena, enquanto todas as crianças brincavam na praia, eu e minha mãe subíamos dunas de areia para endireitar meus pés. Minha mãe sempre foi um exemplo de mulher, exercendo sua função materna.

Já de meu pai, eu herdei o amor às artes, pois sempre teve muito bom gosto musical dentro da nossa casa. Além disso, a tradição do carnaval, as fantasias, as coreografias. Eu venci as dificuldades físicas tendo as pernas mais retas possíveis para uma mulher. O apelido carinhoso Mapi quem me deu foi minha tia, para simplificar meu nome composto Maria Aparecida.

Claro que nada acontece de graça nesta vida, se queremos lutar contra as adversidades dela precisamos ter constância, perseverança e fé aliada a uma mentalidade otimista. Minha vida sempre foi recheada de gratas surpresas. Durante a pós-graduação de dança, depois de entregar um trabalho coreográfico, minha orientadora se encantou com o feito e indicou meu nome para representar o Brasil num dos maiores festivais americanos, o American Dance Festival, em 2002. Acabei sendo selecionada, e, sem dúvidas, foi uma das melhores experiências que tive dentro do mundo artístico.

Um ano depois, fui convidada a trabalhar para a Fundação Catarinense de Esporte (Fesporte) como professora. Então no ano de 2004, assumi a coordenação do antigo Festival Escolar Mário de Andrade, cujo nome sempre respeitei, mas nunca achei que seria esse o que melhor representaria o festival. Foi nesse momento que tive umas das grandes oportunidades da minha vida para exercer o que eu tinha de melhor dentro de mim e o que tinha me comprometido com a minha missão. É grande presente poder conviver com muitas pessoas, crianças, jovens, idosos, municípios, integradores, gestores, gerentes, presidentes, amigos e poder descobrir a riqueza do ser humano nas suas fraquezas e nas suas vitórias, no riso e no choro, na arte de conviver com o outro.

Para isso vamos entender melhor o conceito de eventos. Um evento consiste em um fenômeno natural suscetível à investigação científica, ou seja, um acontecimento organizado por pessoas de área afim poderá apresentar-se como um show, uma festa, um seminário, um festival, um espetáculo etc. Na etimologia, "evento" vem do latim *eventus*, que significa "acontecimento". Conforme a definição de segmentos de um evento, entre muitos citados, existe o de caráter educacional no qual se enquadra o festival e é o que nos interessa salientar.

O Festival Escolar Mário de Andrade era um evento que surgiu em 1999 e que acontecia em um teatro na grande Florianópolis, em uma edição chamada estadual, com vinte equipes classificadas de algumas cidades do estado de Santa Catarina com quatrocentos participantes. Levei mais de oito anos para conseguir trocar o nome do evento para Festival Escolar Dança Catarina, que, na minha visão e do presidente da gestão de 2012, mais se adequava à realidade catarinense por sua abrangência.

O evento cresceu muito, transformou-se atualmente em vinte edições mesorregionais e quatro grandes regionais, atingindo mais de cem municípios catarinenses. Se a etapa estadual do Mário de Andrade consistia em quatrocentos inscritos, as etapas do Dança Catarina abrangem hoje, mais de cinco mil e quinhentos jovens e crianças e um público estimado de mais de trinta mil pessoas. Um evento voltado às escolas públicas e particulares, de cunho educacional, com um olhar centrado para a arte da dança e totalmente gratuito.

Para visualizar esse universo competitivo e festivo que se encontra o festival, precisamos entender alguns conceitos. Vamos trabalhar com os conceitos de "micro" e "macro" para compreender como tudo se desenvolveu nesse plano de ação para o crescimento desse evento.

Segundo Duarte (2009), o microevento não exige um aporte financeiro considerável, tampouco envolve um grande público, é bem específico e se reduz a esse pequeno universo, adequando-se a uma ação pequena. Já num pequeno evento, a participação pode variar de cem a quinhentas pessoas e, nos primeiros anos, o Mário de Andrade tinha uma pequena participação, em detrimento dos últimos anos do Dança Catarina, que explodiu a participação.

No grego, encontramos a palavra *mackrôs*, ou seja, macro, que se encontra na contraposição do elemento "micro" e é um elemento de longa composição. Na tipologia de eventos citados pelo autor Duarte (2009), podemos identificar o Dança Catarina em mais de uma característica da tipologia. O evento se encontra dentro de eventos culturais, sociais, de lazer e educacionais.

Cultural em função de se tratar de um evento artístico da área da dança, que em sua essência possibilita para a sociedade catarinense um olhar e espaço para ver arte em movimento, trazendo questões para os palcos de grande importância na sociedade e para o mundo, discutindo pela arte grandes questões do ser humano. Então o evento atinge e muito a questão social propiciando a cidadania na dança, com um palco de altíssima qualidade com tudo que um teatro costuma ter.

A diferença, contudo, é que esse teatro é montado em uma cidade de poucos habitantes, no interior do estado, as quais, na maioria das vezes, não tem acesso a nenhum evento cultural, de vez em quando, a uma festa religiosa. Infelizmente, ainda não se tem uma visão de oportunizar a todo o estado catarinense mais espetáculos e espaços de qualidade para mostrar a arte.

Muitas dessas temáticas que surgem no palco do Dança Catarina são questões importantes como o meio ambiente, a política, economia, normas de condutas, patologias psicológicas, campanhas sobre a saúde e sobre doenças, violência da mulher, abusos e tantas outras questões que ampliam a noção que temos de arte como entretenimento.

Esses coreógrafos educadores vão muito além da estética da dança com passos perfeitos, técnica de dança e virtuosismo, ultrapassando a barreira crítica social da arte enquanto canal de discussão social e denúncia. A importância da educação pela arte para as crianças e jovens que dançam, bem como para quem assiste, vai além de ser só um espetáculo; o evento por intermédio desses professores educa e discute com o público como um grande processo simbiótico.

O espetáculo, segundo Debord (2003), desenvolve uma relação social que é muito importante de se observar, pois comunica por imagens, corpos e movimento, música e figurino, cenário e imaginação para quem assiste, transportando o espectador a um universo lúdico que, em alguns momentos, como um fio condutor, o espectador se conecta com sua própria realidade.

Esse universo amplo de temáticas não aconteceu simplesmente por ser arte e comunicar, foi feito um investimento em capacitação de professores nas áreas da dança e resultou em conteúdo de qualidade no festival. A coordenação também fez uma escolha muito seletiva dos jurados para análise das obras coreográficas, que trouxeram, por intermédio de comentários escritos dos próprios jurados, um retorno de conteúdo considerável aos interessados, os professores coreógrafos. Esse canal de comunicação e de aproximação do jure com os coreógrafos e participantes resultou em mais uma roda de conversa educacional. Trata-se de um *feedback* como cada trabalho estava na noite e como essa noite de espetáculo foi em relação ao conteúdo e técnicas de dança, elevando assim o nível do festival, em se tratando de um evento escolar bem como seus participantes.

No histórico do evento nem sempre foi um festival de lindas temáticas tão aprofundadas e educacionais como hoje. O regulamento Dança Catarina foi modificado inúmeras vezes trazendo novas categorias como a folclórica, para resgate de nossas origens e a dança de salão, para preservar a tradição dos bailes em todo território catarinense.

Uma das estratégias de ação foi modificar o evento, criando uma estrutura fixa de palco, iluminação, sonoplastia efeitos e linóleo, ou seja, um palco italiano com tudo que precisa para um festival, para que todas as edições tivessem a mesma formatação.

Outra ação foi escutar e anotar a todo ano o que as pessoas falavam, pediam ou reclamavam. Assim, verificamos que os antigos concursos da etapa microrregional se realizavam sem uma estrutura adequada, e como não havia verba suficiente, os jurados que julgavam eram, na maioria dos casos, sem experiência, ocasionando grande desconforto e reclamações no resultado. Por isso o evento mudou para oferecer a melhor interface estrutural e organizacional.

Hoje os jurados são os mesmos que julgam todos os vinte concursos da etapa mesorregional, pois a nossa visão é que deverá ser a mesma para todos, oportunizando a igualdade em todas as ações do Dança Catarina. E nos quatro concursos regionais, os selecionados vão para cada região: Oeste, Centro-Oeste, Leste-Norte e Sul. Se antes era um estadual, hoje são vinte mesorregionais e quatro grandes regionais, possibilitando a cada região mais premiados e destaques, ou seja, acaba valorizando mais as crianças e jovens dentro de um espaço de reconhecimento.

Os resultados do Dança Catarina consequentemente apareceram, hoje ele é um evento esperado pela população e regiões do estado de Santa Catarina. A população quer ver cultura em seu município, e isso é uma grande "sacada" para levar até os lugares menos favorecidos a cultura da dança escolar, agraciando o público e fornecendo espaços de qualidade para dançar.

A grande caravana da dança viaja com oito mil toneladas de equipamentos e estrutura, levando também alegria, esperança, cursos, profissionais de alta qualidade e muita dança para a população catarinense, além de despertar muitos talentos como bailarinos, coreógrafos, figurinistas, cenógrafos, maquiadores etc. A exemplo disso, o Dança Catarina impulsionou coreógrafos e grupos a serem premiados no Festival de Dança de Joinville oriundos de Xanxerê; dois alunos que saíram do município de Gaspar, participantes do Dança, foram selecionados para a Escola do Teatro do Bolshoi no Brasil e hoje já estão com suas carreiras consolidadas atuando na área. Um deles, que faz parte da companhia do Bolshoi no Brasil, ganhou bolsa na Rússia; coreógrafos e alunos premiados em festivais internacionais saídos do município de Presidente Getúlio dos palcos do Dança Catarina.

Segundo o célebre filósofo, matemático e meteorologista americano Edward Norton Lorenz, que desenvolveu a teoria do caos, que fala sobre o comportamento de sistemas dinâmicos altamente sensíveis a condições iniciais e que analisa o efeito borboleta, pequenas mudanças podem ocasionar grandes consequências: "O bater das asas de uma borboleta num extremo do globo terrestre, pode provocar uma tormenta no outro extremo no espaço de tempo de semanas".

Assim fica a reflexão para vocês: se não existisse essa iniciativa chamada Festival Escolar Dança Catarina, promovido pela Fesporte, teríamos um estado tão dançante nas bases de fomento da dança escolar? É importante ressaltar também a interlocução com a Secretaria de Estado da Educação, que apoiou e desenvolveu um olhar voltado para a dança. E é claro o meu amor por esse evento.

Hoje, temos orgulho do espaço que a dança tomou em Santa Catarina, temos uma faculdade de Dança pela Universidade Regional de Blumenau (Furb), sendo a primeira do estado a dar continuidade a esse processo educacional e artístico de cuja história alguns talentos do Dança Catarina fazem parte, além de tantos outros que redirecionaram a vida acadêmica, para continuar o seu amor pela dança. Esse é o grande segredo para o Festival Escolar Dança Catarina ser considerado o maior festival de dança do Brasil e itinerante, único em seu jeito de ser, que com sua força social, cultural e educacional cativou milhares de pessoas nesses vinte anos.

Referências

DEBORD, Guy. *A sociedade do espetáculo.* [S.I.]: eBooksBrasil.com, 2003.Disponível em: <http://br.geocities.com/mcrost12>. Acesso em: 19 de mai. de 2009.

DUARTE, João David Oliveira. *Organização e gestão de eventos. Métodos e técnicas e a sua aplicação na actividade das empresas de eventos.* Universidade Fernando Pessoa, Porto, Portugal.

STEELE, J.; MURRAY, M. *Creating, supporting and sustaining a culture of innovation. Engineeering, Construction and Architectural Management,* 11(5), 316-322. doi: 10.1108/09699980410558502.

20

EuroBarcelona: novas práticas para a gestão de uma escola de futebol inovadora e humanizada

Neste artigo, propõe-se apresentar um estudo de caso de três Escolas de Futebol no Estado de Santa Catarina que têm projetos e resultados baseados na inovação e na gestão humanizada. Busca-se assim, demonstrar as ferramentas utilizadas e que podem ser implementadas em vários modelos de negócios.

Pricila Cardoso Borba

Pricila Cardoso Borba

Bacharela e Licenciada em História (UNISUL), Especialista em História da Arte (UNISUL), Especialista em Gestão Pública (UFSC) e Mestra em Administração (UNISUL). Mais de 20 anos de experiência na docência e na gestão de Instituições de Ensino Básico e Superior, com ênfase em Planejamento, Avaliação e Gestão de Projetos. Possui artigos publicados nas áreas de administração, inovação e desenvolvimento social e regional. É sócia-proprietária das Escolas de Futebol EuroBarcelona em Santa Catarina, nas cidades de Araranguá, Criciúma e Florianópolis, atuando na Gestão Administrativa e Financeira, desenvolvendo projetos de expansão e inovação em metodologias reconhecidas internacionalmente. Ao longo de sua carreira profissional, estabeleceu relacionamentos e atuou diretamente com Órgãos Reguladores Nacionais, o que lhe conferiu experiências significativas e promotoras de diferenciais importantes para o mercado.

Contatos
pricilaborba@hotmail.com
Facebook: pricila.borba.3
Instagram: @pricilaborbasc
(48) 998336221

Minha história profissional iniciou aos 16 anos quando, ao formar-me no ensino médio da rede estadual de ensino, fui convidada a retornar à escola como professora, devido à falta de profissionais com formação disponíveis para a região. Contudo, no mesmo ano, ingressei no curso de graduação em História da Universidade do Sul de Santa Catarina (Unisul), na cidade de Araranguá (SC).

Ao iniciar o curso de graduação, comecei a lecionar a disciplina de História na rede municipal de ensino e, após um ano, tornei-me diretora da escola em que trabalhava. No mesmo ano, fui convidada também a assumir a Coordenação da Educação de Jovens e Adultos no município de Santa Rosa do Sul (SC). Nos anos seguintes, cada vez mais dedicada à educação, ingressei no ensino básico particular, no município vizinho, e viria, após dois anos, a assumir a direção da escola. Em 2004, ingressei como docente no ensino superior, modalidade EAD e, em 2005, já cursando especialização em História da Arte, na mesma instituição de ensino, fui convidada a lecionar no ensino superior presencial, nos cursos de graduação em História, Letras, Matemática e Pedagogia, nas cidades de Araranguá e Tubarão (SC).

Em 2007, coordenei um curso sequencial em arte-educação na Unisul, Passo de Torres (SC), mesmo ano em que iniciei a docência em cursos de especialização em outras instituições de ensino superior da região.

Em 2010, fui convidada a trabalhar na Faculdades Futurão, na cidade de Araranguá, atual Faculdade do Vale do Araranguá, como diretora de Pesquisa e Extensão e, em 2013, tornei-me Diretora de Ensino e Procuradora Institucional da mesma instituição. Lá fui membro da Comissão Própria de Avaliação e também do Gabinete de Projetos da instituição, elaborando cursos de ensino superior e os autorizando perante aos órgãos responsáveis. Permaneci nessa faculdade por nove anos e lá pude aplicar o conhecimento que uni ao longo dos anos de experiência como professora de vários níveis de ensino, diversas instituições e modelos de gestão e administração, o que culminou na escolha do Mestrado em Administração, com ênfase em Inovação e Sociedade.

Destarte, mais do que uma escolha vocacional pela educação, posso afirmar que a educação me escolheu e me oportunizou uma carreira de desenvolvimento pessoal e profissional brilhante. Posso afirmar que nunca pensei em ser professora, mas o fato de eu ser uma aluna extremamente comprometida e dedicada, somada à necessidade docente da instituição educacional em que me formei, constituiu um caminho de oportunidades para eu trilhar. Tudo que fiz foi aceitar as oportunidades! Em cada escola, as experiências administrativa e empreendedora foram reveladas e isso me abria ainda mais portas. A cada 'sim', ia compondo mais experiência e desenvolvendo projetos que me tornavam reconhecida regionalmente, me colocando em cenários ainda mais elevados.

Nessa investida, conheci muitas pessoas que me influenciaram e impulsionaram a crescer e dar voos ainda maiores, tendo coragem de abrir mão de vínculos empregatícios para me dedicar à criação de um projeto próprio, em que eu pudesse, de fato, aplicar os valores, expertises e metodologias que eu considerava adequada à formação de sujeitos baseadas na humanização, inovação e protagonismo.

Sempre fui grata aos lugares por onde passei e em que recebi inúmeras oportunidades de crescimento, mas em janeiro de 2017 eu estava decidida a abrir o meu próprio negócio, aliando a família a um projeto que pudesse nos oferecer qualidade de vida, aprendizado e a construção de um empreendimento em que pudéssemos trabalhar. Para esta decisão, priorizei as habilidades e competências que eu e meu marido tínhamos: eu, uma professora e uma gestora de carreira, ele, um profissional de Educação Física com experiências em arbitragem e futebol, que mais tarde também se tornaria professor e coordenador de um curso de graduação.

Após estudarmos inúmeras oportunidades de negócios, optamos por um que abarcava tanto a nossa experiência, nossa formação e nossos valores: decidimos iniciar um plano de negócio de uma Escola de Futebol. Depois de pesquisas sobre franquias nacionais e internacionais de escolas de futebol, optamos por conhecer o Projeto EuroBarcelona, cujo nome havia me despertado interesse e, em meio às pesquisas, percebi diferenciais que se conectavam com tudo aquilo que pretendíamos para um negócio.

Em fevereiro do mesmo ano, já estávamos com contrato assinado para iniciar a instalação da primeira unidade. A cidade escolhida para ser sede foi Araranguá, por ser a cidade onde moramos e termos reconhecimento e prestígio profissional.

Durante o primeiro ano, a escola EuroBarcelona concretizou um projeto inovador, baseado em uma metodologia internacional com protocolos que valorizam o aprimoramento de habilidades e capacidades físicas, técnicas, táticas e cognitivas para a atuação no futebol, mediante treinamentos baseados em fundamentos científicos e metodologias adequadas ao desenvolvimento biológico.

Da mesma forma, está entre os objetivos institucionais o desenvolvimento da criança e do adolescente, o fortalecimento do vínculo com a família e o incentivo à formação escolar. Entre os valores institucionais estão comprometimento, disciplina, educação, espírito de equipe, honestidade e respeito.

Com uma Unidade já em andamento em Araranguá, em meados do mesmo ano, instalamos uma nova Unidade no município de Criciúma, vizinho ao município sede da EuroBarcelona. Num complexo diferenciado e num cenário ainda mais concorrido, lançamos a segunda Escola de Futebol EuroBarcelona, no Estado de Santa Catarina.

Mais um desafio estava posto em prática, mediante um novo cenário de clientes, perfis, condições socioeconômicas e um mercado competitivo. A EuroBarcelona de Criciúma apresentou diferenciais já evidentes pela população local, fato esse, que corroborou para o sucesso de imediato da empresa na cidade. Em menos de seis meses, a segunda Unidade contava com mais atletas matriculados do que a Unidade sede.

Em pouco mais de um ano, a empresa havia duplicado o quadro profissional, bem como, alcançado um patamar de clientela inicialmente não previsto, fatores estes considerados fundamentais na busca por melhorias e inovações necessárias à empresa. Planejamento estratégico, plano de negócios, formação e capacitação continuada foram alicerces fundamentais para um novo posicionamento no mercado, ressaltando assim, as possibilidades de a equipe gestora planejar a instalação de uma nova Unidade EuroBarcelona, agora, na capital do Estado, Florianópolis.

O empreendedorismo dos sócios-proprietários, somados ao investimento em capacitação profissional dos colaboradores, foram fundamentais para o posicionamento da EuroBarcelona no Estado. Foi possível mensurar o reconhecimento institucional a partir de estratégias e ferramentas avaliativas que vão desde avaliações sobre o posicionamento da empresa e a satisfação do ecossistema envolvido até à participação dos pais e dos alunos nas atividades institucionais.

Faz-se notório o papel da inovação no processo de empreendedorismo, bem como, do investimento profissional da equipe. O impulso ao crescimento e sucesso do negócio, nesse caso, sendo uma Escola de Futebol, fora possível pelos projetos desenvolvidos e orientados não estarem atentos apenas à sobrevivência da empresa, mas pela ideia de transformação, atualização e diferenciais daquilo que o mercado disponibiliza.

Vê-se o empreendedorismo como a sensibilidade de se perceber uma nova solução, agregando assim valores criativos e de inovação, que possam gerar lucros e resultados positivos à empresa. Concretiza-se, assim, a história do novo, de uma Escola de Futebol capaz de agregar fundamentos até então esquecidos, ou talvez, não empregados por muitas empresas do segmento.

Atualmente, a EuroBarcelona conta com três unidades instaladas em Santa Catarina. Faz parte do planejamento estratégico da empresa, a abertura de mais três unidades Euro no ano de 2021.

Ao analisar o projeto EuroBarcelona, como sócia-proprietária, percebo a importância dos valores agregados ao ensino do futebol, como diferenciais competitivos do negócio. A valorização e humanização dos serviços, bem como, a vinculação da família ao desenvolvimento das atividades propostas, são fatores prioritários na construção da imagem da empresa e o que tem garantido destaque no segmento de treinamento esportivo. Como mãe, colaboradora, sócia-proprietária e idealizadora do negócio, reconheço a importância de se agregar valores necessários à formação do cidadão em todas as práticas educacionais, inclusive, as esportivas. O desenvolvimento socioemocional, tão necessário aos sujeitos do presente e do futuro, são preocupações assinaladas no plano pedagógico da EuroBarcelona.

Cabe salientar que, embora a EuroBarcelona não seja uma instituição de educação formal, ela se enquadra como um espaço de educação não formal e está atenta às Diretrizes Nacionais de Educação, especialmente, à Base Nacional Comum Curricular (BNCC), que destaca a necessidade de priorizar o desenvolvimento socioemocional das crianças e adolescentes nos currículos de formação.

Reconhecer a capacidade de ação e reflexão críticas necessárias à prática da cidadania é um dos compromissos que a EuroBarcelona assume frente ao desenvolvimento de uma nação que se quer plural, desenvolvida e humanizada. Em uma sociedade cada vez mais dinâmica, a empresa tem desenvolvido projetos concretos que auxiliam a eficácia da formação e qualificação técnica, aliada à formação de sujeitos conscientes da sua responsabilidade cidadã, diante de um mundo carente de sustentabilidade e equidade.

Entre os projetos possíveis de serem citados no esforço desse artigo, apresento como práticas concretizadas os eventos e competições esportivas destacadas no calendário regional, estadual, nacional e internacional, além das atividades comemorativas do calendário anual da EuroBarcelona, entre elas: reuniões de pais, datas comemorativas, autoavaliação institucional, avaliações físicas periódicas, acompanhamento escolar, álbum de figurinhas, equipe de pais, Copa Euro e campanhas sociais.

Ressalta-se a importância do intercâmbio internacional de atletas que é uma das grandes oportunidades que o atleta EuroBarcelona possui de vivenciar uma experiência cultural e profissional para a cidade de Barcelona, na Espanha. Esse projeto vem sendo realizado desde a implantação da primeira unidade da Escola de Futebol.

As viagens são acompanhadas por profissionais, pais e atletas que desejem participar e conhecer realidades esportivas que atletas renomados profissionalmente vivem em países de primeiro mundo. Durante o intercâmbio, os atletas participam de treinamentos em clubes espanhóis, com os objetivos de aprimorar habilidades técnicas, cognitivas e de performance. Cabe destacar que os atletas integram as equipes do clube para treinamento e, durante os treinos, são avaliados a fim de que possam ter oportunidades profissionais.

Importante destacar também que a metodologia empregada na formação dos atletas oportuniza experiências a todos de forma igualitária, não desobedecendo as recomendações e premissas do desenvolvimento biológico de cada faixa etária, tampouco fazendo distinção de suas habilidades e capacidades físicas e cognitivas. Além dos treinamentos ofertados, apresenta-se o Programa de Formação de Atletas (PROFUT) implantado nas Escolas de Futebol EuroBarcelona, que oferece uma formação de ensino-aprendizagem específica para atletas em nível de rendimento esportivo. O PROFUT é ofertado exclusivamente para atletas EuroBarcelona.

Nesta narrativa, percebo que há muitos caminhos a serem trilhados, mas, que em três anos, as experiências foram significativas para que hoje façamos um planejamento cada vez mais aprimorado e assertivo em serviços que gerem valor, apoio e oportunidades de qualidade de vida a crianças e adolescentes.

Ser reconhecida regional, estadual e nacionalmente nos traz o compromisso de sermos cada vez melhores, inovando e aperfeiçoando constantemente as nossas práticas empresariais. Ser Mestre em Administração, com ênfase em inovação, fora fator preponderante à seleção e construção de um projeto pedagógico possível de ser concretizado por ações respaldadas científica, teórica e metodologicamente. Inovação na EuroBarcelona pode ser identificada nos três pilares que sustentam a organização: produtos, processos e pessoas.

Com efeito, estar atentos às mudanças que acontecem a sua volta, bem como, às mudanças de cenários, é a forma mais inteligente de empreender e crescer. Vale, também, destacar o papel da tecnologia e dos meios de comunicação para a divulgação do projeto, que podem servir de exemplo a todos aqueles que sonham em ser empreendedores, inovadores e realizados.

21

A coragem de dizer SIM

Com a mesma coragem e intensidade que o autoconhecimento nos ensina a dizer 'não', ele nos ensina a dizer 'sim'. Compreender as minhas emoções e como elas impactam meu comportamento, foi extremamente importante para que eu reconhecesse os momentos em que os 'sins' me levariam ao próximo nível.

Sibeli Cardoso Borba Machado

Sibeli Cardoso Borba Machado

Sou mestre, especialista, bacharela e licenciada em História. Atualmente, curso um segundo Mestrado em *Coaching* e Liderança Organizacional. Tenho experiência de mais de 15 anos como professora universitária, diretora de pesquisa e extensão e como coordenadora pedagógica em diversas instituições de ensino. Além de vasta experiência acadêmica, atuei por mais de 20 anos em áreas administrativas de empresas de segmentos variados no extremo Sul catarinense. Atualmente, sou especialista nas áreas de Cultura, Educação, Gestão e *Coaching*. Possuo as formações de *master coach*, *master trainer*, *executive & business coaching* e *leader coach* pelo IBC. Sou *life coach* também pelo Instituto VT. Possuo formação em *leadership & coaching* pela Universidade de Ohio/EUA. Sou proprietária da empresa Sibeli Borba Coaching, especializada em *Coaching* de Vida, Carreira e Negócios e autora de cinco obras. Estou engajada em movimentos de protagonismo feminino no Brasil e no mundo.

Contatos
contato@sibeliborba.com.br
www.sibeliborba.com.br
Facebook: sibeliborba
Instagram: @sibeliborba
LinkedIn: Sibeli Borba *Coach*
(48) 99800-4252

Sempre acreditei que toda pessoa é a soma das suas experiências, escolhas e dos seus relacionamentos e, de alguma forma, essa percepção sempre me moveu. Compreendo a vida como percurso emoldurado por oportunidades e desafios, aonde vamos ensaiando, aprendendo e nos autodesenvolvendo ao longo da jornada. Após quatro décadas, isso se tornou cada vez mais concreto para mim, e eu desejo verdadeiramente que a cada ano novas experiências ainda me permitam deparar com contraditórios e desafios que me façam aprofundar e autodesenvolver ainda mais.

Por alguma razão a vida me fez forte desde cedo. Nasci nos anos 80 e cresci ligada ao núcleo familiar paterno, sendo a primeira neta, filha do primogênito, de um grupo de nove irmãos. Por parte da família materna, fui a primeira filha da filha caçula, de um total de onze irmãos. Então, pode-se imaginar que, embora esperada por todos, as expectativas acerca do meu nascimento eram bastante distintas entre as famílias.

Nesse ambiente cresci cheia de saúde e muito amor. Aos quatro anos ganhei minha única irmã, Pricila, que também é uma das coautoras deste livro. Morávamos numa cidade interiorana na região do extremo Sul catarinense, e lá tive uma infância cheia de liberdade para brincar, fui rodeada de amigos e com pais que sempre foram extremamente amorosos e presentes. Num tempo em que grande parte das meninas ainda saía apenas acompanhada dos pais ou responsáveis, eu tinha o maior orgulho de que fossem os meus a me levarem.

Foram anos incríveis da minha vida, e eu ainda cultivo as amigas de infância até hoje. Tê-las comigo sempre foi uma prioridade. Dois meses após completar meus 15 anos, tive meu primeiro namorado. Afinal, o namoro só depois dos 15 era uma regra familiar, nessa época eu estava cursando o segundo ano do ensino médio e ainda não trabalhava fora. Entretanto, desde cedo fui ensinada a responsabilizar-me pelos ofícios da casa, como toda menina era.

Nesses anos de vida, fui me desenvolvendo e como primeira filha e neta, fui criada num ambiente cheio de regras, cobranças e expectativas, a fim de ser exemplo, conquistar mérito e orgulhar a família. Além dos meus pais, meu avô paterno foi um grande incentivador. Minhas avós eram incríveis, mas não posso negar o quanto o fato de ele depositar profunda esperança e encorajar-me, tornou-me uma mulher mais aguerrida. Independente de gênero, o que se esperava da(o) primogênita(o) era uma caminhada firme e que servisse de modelo e inspiração.

Mudamos de cidade quando passei para o último ano do ensino médio. Meu pai começou a trabalhar em outra cidade e vivemos um recomeço, em todos os sentidos. Aprendemos muito naquele ano e foi preciso reinvenção.

Após três anos me casei. Neste ano de 2020 completamos 23 anos de matrimônio e temos um filho de 18 anos, o qual foi criado nos mesmos moldes familiares, mas acrescido de doses de coragem e, assim como eu, sede de conhecimento.

Um novo capítulo da vida

Inegavelmente, a mudança de cidade mexeu comigo. Nesse contexto de mudanças, formei-me no ensino médio e me desapaixonei da decisão de cursar faculdade imediatamente. Decidi me casar, então precisei focar na conquista do primeiro emprego formal, embora eu já ganhasse algum dinheiro dando aulas particulares para crianças em casa. Afinal, o empreendedorismo sempre esteve presente na nossa família.

Precisando trabalhar logo, pois em quatro meses eu me casaria, lembro das intermináveis entregas de currículos e das raras oportunidades de entrevistas que tive, afinal eu não tinha experiência comprovada no mercado de trabalho. Imagine comigo: como conseguir um primeiro emprego se o requisito era ter experiência profissional? Em meio à enxurrada de 'nãos' consegui uma entrevista e lá, depois de entender que poderia ser minha única chance, decidi inovar na abordagem. Lamento que o esforço do artigo não me permita detalhar os pormenores da história, porque é uma parte divertida que compartilho quando trato de inovação.

Entre as máximas que me vieram no momento da entrevista, provavelmente a de que "se ninguém me der uma oportunidade eu jamais vou ter um trabalho" (dito de maneira desesperada), foi a que mais impactou a psicóloga que conduzia o processo seletivo. Inovar na abordagem deu certo e fui chamada! Foi uma das melhores lições que aprendi, pois à medida que percebi que fazendo sempre do mesmo jeito eu tinha os mesmos resultados, entendi que para ter um resultado diferente eu teria que fazer diferente. E lá fui eu sem ao menos saber que inovação tinha sido o segredo para a minha entrevista bem-sucedida.

Permaneci na empresa por quase oito anos e lá fui muito feliz. Naquele período realizei o sonho da casa própria, do primeiro carro, o início da faculdade de Administração e me tornei mãe. Contudo, após o nascimento do filho deixei o trabalho e, com o aumento das despesas, consequentemente, a faculdade. Pela segunda vez a formação acadêmica precisou esperar. Enquanto ele crescia, trabalhei lá e cá para gerar receita.

Passados dois anos de trancamento do curso de Administração, recebi o convite para voltar à universidade e transferir-me para outro curso na instituição, que além de ser realizado em regime de horários especiais, ainda me garantia ter uma bolsa parcial de estudos. O convite partiu da coordenadora quando soube que eu era uma aluna estudiosa e já não podia manter os estudos. Não pensei duas vezes, reuni-me com ela e assinei a papelada. E aquele "sim" me trouxe resultados incríveis que os compartilharei adiante.

No ano de 2007, concluí o curso de graduação, e logo iniciei o curso de especialização. Concomitantemente, fui aprovada no processo seletivo para cursar o Mestrado na universidade estadual, na capital catarinense. Posso dizer que foram anos desafiantes e de muito trabalho, mas de profundos aprendizados e desenvolvimento. O mestrado além de me oportunizar aprofundamento conceitual, oportunizou o desenvolvimento de uma pesquisa que, posteriormente, foi premiada pelo Ministério da Cultura no ano de 2010, como um dos dez trabalhos mais relevantes da área de políticas públicas culturais.

Aqui mais uma vez precisei inovar para conquistar novos resultados. Com o término do curso e compreendendo a relevância da pesquisa que desenvolvi, passei a mapear editais para qualificá-la ainda mais. Com isso, fui contemplada e premiada em dois editais, um em nível nacional e outro estadual. Este último, pela Fundação Catarinense de Cultura, que garantiu a publicação da pesquisa em formato livro para ampla divulgação e distribuição gratuita. Senti-me extremamente satisfeita por devolver a pesquisa à comunidade, visto que fui oportunizada a estudar em instituição pública, portanto, financiada pela sociedade. Mas de onde veio o desejo e a coragem de buscar este resultado? Primeiramente, pelo esforço e dedicação que empreendi em toda a jornada. Como segundo ativador, tive o compromisso de devolvê-la às pessoas da comunidade local que se dedicaram para que ela fosse ainda melhor.

Perceba comigo: o que foi decisivo para essa conquista foi eu encontrar uma motivação (motivo + ação) verdadeira que me fizesse agir com vontade, com determinação e persistência. Não foi nada fácil organizar a parte documental requerida em cada um dos editais. Aprendi ali que, determinada, sou capaz de alcançar resultados exponenciais, desde que eu deseje isso verdadeiramente. Faz sentido pensar que os projetos que não conquistamos possam ser justificados pela nossa falta de constância e/ou determinação frente a eles? Lembre-se que as suas decisões, seguidas de ações, e tomadas de atitude levam você à realização.

Da mesma forma, profissionalmente segui adiante. Passados quase oito anos em que permaneci no meu primeiro trabalho formal, foi hora de alçar novos voos. De lá para cá sempre me desdobrei em duas áreas que sempre me interessaram muito: Educação e Administração. No campo da Administração, tive inúmeras oportunidades profissionais, trabalhei em empresas e segmentos distintos, em cargos que iam de coordenação de setores à gerência. Foram inúmeros desafios, mudanças de departamentos, funções e áreas que eu, inclusive, desconhecia. Isso me tornou melhor e mais bem-sucedida com a 'fórmula secreta' de que sempre tive profundo apoio e colaboração de meus colegas de trabalho.

Em se tratando de desafios é importante compreender o que eles significam para você. Para mim os desafios nunca foram problemas, aliás, não os ter seria o maior problema. Mas é uma reflexão que merece atenção, pois ela faz relação direta com as nossas conquistas ou, não raro, com as oportunidades que percebemos ter perdido. Se fizer sentido, convido-a(o) a perceber como isso acontece para você.

Como uma pessoa que se sente altamente motivada em ver as pessoas se desenvolvendo não seria difícil de compreender minha paixão pela educação. Poder acompanhar o desenvolvimento humano, o desenrolar das escolhas e seus resultados sempre me cativou e ofereceu esperança para que eu mergulhasse ainda mais nesse universo. Sim, eu sou uma professora orgulhosa por minha escolha e manter-me na área também foi uma escolha.

Na educação, alcancei patamares distintos e sendo convidada a assumir cargos importantes. Iniciei como professora e rapidamente recebi uma das grandes oportunidades de minha vida como educadora. A mesma coordenadora que me convidou a retornar à universidade foi a mesma que me tornou professora universitária do mesmo curso em que me formei, e eu tenho uma gratidão profunda por ela. A partir daí, trabalhei em quatro instituições de ensino superior, assumindo funções como professora de cursos de graduação e pós-graduação, coordenadora de cursos, diretora administrativa, de pesquisa, e extensão, de pós-graduação, entre outras. Todos esses trabalhos contribuíram para que eu, também, fosse aprovada com avaliadora vinculada ao órgão avaliador das instituições de ensino superior no Brasil. Certo é que, ao longo da jornada, eu sempre tive pessoas que me incentivaram e despertavam protagonismo.

A importância da coragem

Em 2017, decidi fazer uma transição de carreira. Com o passar do tempo percebi que estava submersa em processos administrativos nas organizações em que trabalhava, e com pouco tempo para exercer e contribuir no autodesenvolvimento das pessoas como eu tanto gostava. Assim, tomei a difícil decisão de me desvincular dos três trabalhos que tinha no momento para me dedicar à área de desenvolvimento humano. Minha rede de relacionamentos foi me convidando a cada dia a perceber o quanto eu ainda podia fazer mais pelas pessoas. Em busca de autoconhecimento e melhoria de performance, meus alunos passaram a ser meus clientes.

A partir daí, fiz inúmeras formações em *Coaching*, em instituições reconhecidas nacional e internacionalmente, e decidi empreender de maneira autônoma. Hoje, me dedico ao atendimento de pessoas e organizações que desejam se autodesenvolver e melhorar performance de maneira individual ou em equipes. Em 2019, fiz uma formação em liderança estratégica e *Coaching* nos Estados Unidos, na escola de negócios da universidade de Ohio. A partir deste 'sim', mais portas ainda se abriram. Sigo percebendo os 'sins' que a vida me convida e que estão alinhados à minha Missão de Vida, e isso me permite fazer escolhas mais conscientes.

Meu primeiro livro foi lançado em 2016, agora já são cinco, e mais dois já estão no prelo para serem lançados em 2020. Mais um papel de vida se fortalece, o de escritora. Como autora, ensaio-me cada vez mais e a responsabilidade só aumenta, inclusive, a de oportunizar outras tantas pessoas a também se tornarem ou intensificarem este ofício.

Compartilho com você que, nessa investida, nasce a obra "Empreendedorismo Feminino, Inovação e Associativismo". Ela foi uma inspiração num momento em que o mundo era acometido por uma Pandemia. Era março de 2020, primeiros dias de isolamento social, quando me comprometi que aqueles dias seriam de paz e expansão. Em momentos silenciosos, pedi que o medo não me paralisasse, então, rapidamente desenhei um projeto e desejei que ele não fosse só meu. Com a mente disposta e o coração aberto, compus uma lista de mulheres que seriam imprescindíveis para que eu tornasse aquela ideia um projetor transformador.

Nesse momento, você deve ter entendido que estas 20 coautoras que me antecedem na obra, as quais possuem histórias inspiradoras de vida e carreira, foram os vinte 'sins' que eu precisava para ter coragem de assumir mais um papel de vida, o de coordenadora editorial. Nem nos meus melhores sonhos eu imaginaria ter a honra de conduzir um trabalho com esta magnitude, tampouco ter Dior L., prefaciando a obra.

Dos papéis de vilã, creio que este seja um dos poucos espaços em que a Pandemia possa ocupar o papel de 'mocinha': foi com o tempo proporcionado, o conhecimento refinado e o desejo de ajudar cada leitor(a) a transformar o seu próprio mundo, inspirando-os(as) para enfrentar os seus próprios desafios, que unimos nossas forças para compor esta obra.

Que ela seja propagada ao mundo.